Un concentré

de

Bouillon

de Poulet

pour l'Âme

SÉRIE « BOUILLON DE POULET POUR L'ÂME »

« Un concentré de Bouillon de Poulet pour l'Âme »
fait parti de la « Série Bouillon de Poulet pour l'Âme »
dirigé par Jack Canfield et Mark Victor Hansen

Jack Canfield
Mark Victor Hansen
Patty Hansen

Un concentré de Bouillon de Poulet pour l'Âme

L'édition originale de cet ouvrage a été publiée sous le titre
CONDENSED CHICKEN SOUP FOR THE SOUL
© 1996 par Jack Canfield, Mark Victor Hansen et Patty Hansen
Health Communications, Inc., Deerfield Beach, Floride (É.-U.)
ISBN 1-55874-414-2

© 1998, *Éditions Sciences et Culture Inc.*

ISBN 2-89092-227-8

ÉDITION DU CLUB QUÉBEC LOISIRS INC.
avec l'autorisation des Éditions Sciences et Culture

Dépôt légal — Bibliothèque nationale du Québec, 1998

ISBN 2-89430-327-0

IMPRIMÉ AU CANADA

Histoires traduites par: Denis Ouellet, ou Claire Stein,
    ou Annie Desbiens et Miville Boudreault.
Histoires condensées par: Éditions Sciences et Culture

Réalisation de la couverture: ZAPP

Les citations

Pour chacune des citations contenues dans cet ouvrage, nous avons fait une traduction libre de l'anglais au français. Nous pensons avoir réussi à rendre le plus précisément possible l'idée d'origine de chacun des auteurs cités.

Dédicace

Nous pensions
Avoir fait le tour,
Mais vous avez demandé
Bouillon de poulet
«en petit format».

Nous dédions affectueusement ce livre à nos lecteurs, qui ont partagé leur portion de *Bouillon de poulet pour l'âme* partout dans le monde, ainsi qu'à Gary Seidler et Peter Vegso, qui ont changé et enrichi la vie de millions de gens — y compris la nôtre.

Table des matières

Remerciements 13
Introduction 16

1. L'amour
La formule magique *Eric Butterworth* 22
Le don de soi *Dan Millman* 24
Le bonheur de donner *Dan Clark* 26
Le vrai amour *Barry et Joyce Vissell* 28
Plus qu'un simple geste *John W. Schlatter* 30
Un compagnon sur mesure *Dan Clark* 32
L'enfant au grand cœur *Ellen Kreidman* 34
Je t'aime, petite fille *Patty Hansen* 35
Je veux te rendre hommage *Helice Bridges* 38
Je ne désespère pas *Hanoch McCarty, Ed.D.* 40
Un acte de bonté *The Best of Bits & Pieces* 42
Les étreintes *Charles Faraone* 44

Faites-le maintenant   *Dennis E. Mannering* 46

Seul l'amour demeure   *Bobbie Probstein* 48

Un regard de compassion   *The Sower's Seeds* 50

Comme une bouteille à la mer   *Auteur inconnu* 53

Un ronron par jour   *Fred T. Wilhelms* 56

Les deux frères   *More Sower's Seeds* 58

Pourboire compris   *The Best of Bits & Pieces* 60

2. Apprendre à s'aimer

Soyez vous-même   *Pam Finger, Erik Oleson* 62

Demande d'appréciation   *Bits & Pieces* 64

Le meilleur!   *Source inconnue* 65

Prêcher par l'exemple   *Anonyme* 66

Le respect d'un serment   *David Casstevens* 68

Apprendre à se nourrir les uns les autres   *Ann Landers* 70

3. L'art d'être parent

La composition de Tommy   *Jane Lindstrom* 74

Ce jeune regard posé sur vous   *Source inconnue* 76

Le présent   *Renee R. Vroman* 78
Mais non   *Stan Gebhardt* 80
L'honnêteté, une denrée rare   *Patricia Fripp* 82
Un cœur courageux   *Patty Hansen* 84
Le sens de l'adoption   *George Dolan* 87
Héritage d'un enfant adoptif   *Auteur inconnu* 88
Il n'est qu'un petit garçon jouant au baseball   *Chapelain Bob Fox* 90
Mon père, quand j'avais...   *Ann Landers* 92
Reviens, Paco   *Alan Cohen* 94
Sauvée   *Leadership... with a human touch* 95
Si je pouvais recommencer à élever mon enfant   *Diane Loomans* 98
Gratis, mon fils   *M. Adams* 100
Almie Rose   *Michelle Lawrence* 102
Où est Barney?   *Auteur inconnu* 105

4. L'apprentissage et l'enseignement
Des principes pour les humains   *Chérie Carter-Scott* 108
Les règles d'or de la vie   *Auteur inconnu* 111
Les oies   *Source inconnue* 112

Adam   *Patti Merritt* 114

C'est votre main, madame   *Source inconnue* 116

Le paradis et l'enfer   *R. John W. Groff Jr.* 118

Il n'est jamais trop tard   *Marilyn Manning* 120

5. La mort et les mourants

Le plus bel ange   *Ralph Archbold* 124

Je veux qu'on m'habille en rouge   *Cindy Dee Holms* 126

La mort   *Auteur inconnu* 128

L'éternel optimiste   *Beth Dalton* 129

6. Une question d'attitude

Les jumeaux   *More Sower's Seeds* 134

La bonne nouvelle   *The Best of Bits & Pieces* 136

Valeureux dans le désastre   *The Sower's Seeds* 138

Lorsqu'on est seul, on peut toujours dancer   *Beth Ashley* 140

Erreur sur la personne   *Valerie Cox* 142

Pourquoi se décourager?   *Jack Canfield* 145

Madame, êtes-vous riche?   *Marion Doolan* 146

Les retrouvailles   *Lynne C. Gaul*   148

7. Vaincre les obstacles
Le pont des miracles   *A Fresh Packet of Sower's Seeds*   152
Du cœur au ventre   *Stan Frager*   154
Matière à réflexion   *Jack Canfield et Mark V. Hansen*   156
La liberté de choisir   *Viktor E. Frankl*   161
Jamais nous ne lui avions dit   *Kathy Lamancusa*   162
La douleur passe, la beauté reste   *The Best of Bits & Pieces*   165
La quête passionnée du possible   *James E. Conner*   166
Juste un petit grain de foi   *Hanoch McCarty, Ed.D.*   169
L'effort engendre le mérite   *Theodore Roosevelt*   172

8. Vivre ses rêves
Le prix de la paix   *Gentle Spaces News*   174
Pas un seul!   *Dale Galloway*   176
Ça change tout pour celle-là!   *Jack Canfield et Mark V. Hansen*   178
Confiance et foi   *Nido Qubein*   180
Regardez! J'ai bougé!   *Hanoch McCarty, Ed.D.*   182

Risquer   *Patty Hansen* 184
Il est aussi le bienvenu   *Karl Albrecht et Ron Zenke* 186
Essayez quelque chose de différent   *Price Pritchett* 187
Confiance illimitée   *Edward J. McGrath, jr* 190

9. Sagesse éclectique
Un après-midi avec Dieu   *Julie A. Manhan* 192
Les tâches de Dieu   *Dan Sutton* 194
Les chaussures   *Source inconnue* 196
On récolte toujours ce que l'on a semé   *Les Brown* 197
L'ange au chapeau rouge   *Tami S. Fox* 200
Le Secret de la vie   *Auteur inconnu* 202
Terminus   *Robert J. Hastings* 204
Un petit garçon   *John Magliola* 207
Les empreintes   *Source inconnue* 208
À quoi ressemble Dieu   *Dan Millman* 210

Permissions 211

Remerciements

Dieu a créé l'homme parce qu'il aime les histoires.

Elie Wiesel

Ce livre est petit, certes, mais de gigantesques efforts ont été mis en œuvre pour obtenir un concentré réussi des trois premiers livres de la série *Bouillon de poulet pour l'âme*. Nous aimerions donc remercier les personnes suivantes dont la contribution a été essentielle à la réalisation du projet.

Premièrement et comme toujours, merci à nos enfants: ceux de Jack, soit Christopher, Oran et Kyle, et tout particulièrement ceux de Mark, c'est-à-dire Elisabeth et Melanie Hansen, qui ont été orphelins pendant toute la durée du projet. Merci pour votre soutien émotionnel, votre patience et votre compréhension.

Remerciements à Michelle Adams du bureau de Mark et Patty. Ton travail acharné, ton moral inébranlable et ton dévouement sont très appréciés. Michelle, nous n'aurions pu le faire sans toi. Merci à Nancy Mitchell, du bureau de Jack, qui a patiemment obtenu toutes les autorisations de reproduire.

Merci aux innombrables personnes qui ont travaillé pendant des années à taper, à réviser, à compiler et à rédiger les trois premiers *Bouillon de poulet pour l'âme* dont sont extraites les histoires condensées de ce livre.

Notre gratitude va également à Christine Belleris, Mark Colucci et Matthew Diener, nos éditeurs chez Health Communications pour leurs immenses efforts.

Remerciements chaleureux aussi à tous ceux et celles qui nous ont fourni des histoires: sans vous, ce livre n'aurait pas vu le jour. Votre générosité continue de réconforter des millions d'âmes et de changer pour le mieux des millions de vie.

En raison du petit format de ce livre, nous n'avons pas inclus les biographies des collaborateurs. Si vous désirez plus de renseignements sur eux, nous vous invitons à vous procurer un des «gros» formats de *Bouillon de poulet pour l'âme*.

Introduction

Nous sommes très heureux de vous offrir ce «concentré» de *Bouillon de poulet pour l'âme*. Nous avons sélectionné les histoires les plus populaires des trois premiers *Bouillon de poulet pour l'âme*, puis nous les avons condensées de façon à en retenir l'essence. Notre objectif est de vous offrir un livre que vous pouvez aisément emporter partout (dans la poche de votre veste ou dans votre sac à main) et qui procure une source de motivation et d'inspiration instantanée.

Que vous achetiez ce concentré pour vous-même ou pour l'offrir en cadeau à un ami ou à un parent, soyez assuré que vous avez entre les mains un livre qui vous apportera chaleur, réconfort et inspiration. Les histoires qu'il contient vous toucheront au plus profond de votre être et vous rappelleront l'essentiel de la nature humaine.

Une étude récente indique que la lecture de ces histoires entraîne des réactions émotionnelles et spirituelles qui ont à leur tour une action bienfaisante sur la santé. De fait, le cerveau libère des neurotransmetteurs qui peuvent véritablement accélérer la guérison du corps. Les histoires de ce livre vous inciteront à vous rapprocher de vos amis et de votre famille, ainsi qu'à montrer plus d'amour et de compassion. Elles vous réconforteront en période de stress et vous réjouiront dans les moments de réussite et de bonheur. Elles vous encourageront également à franchir les obstacles avec détermination, à vous tourner vers vos rêves avec enthousiasme et à redoubler d'ardeur pour les réaliser.

Nous sommes constamment étonnés des milliers de témoignages dont nos lecteurs nous font part à propos des répercussions importantes que nos livres ont eues dans leur vie. Nous recevons entre 50 et 100 lettres par jour de partout dans le monde — Japon, Corée, Philippines, Cuba, Allemagne, Afrique du Sud, Israël — de même que des États-Unis et du Canada. Elles renferment des commentaires comme ceux-ci:

«J'ai été incarcéré dans le secteur d'une prison où on est enfermé dans sa cellule 23 heures sur 24. Je songeais à me donner la mort. Pendant que je déchirais des draps pour préparer mon suicide, un exemplaire de *Un 1er bol de Bouillon de poulet pour l'âme* m'est tombé sous la main et j'ai commencé à le lire. Au fil de ma lecture, je me suis rendu compte que des gens avaient vécu des choses pires que moi. Ça m'a incité à rester en vie.»

— *Pete, détenu*

«Dernièrement, j'ai perdu l'homme auquel j'ai été mariée pendant 46 ans. Le choc et la perte ont été terribles. Ma fille, qui habite Las Vegas, m'a envoyé un exemplaire des deux premiers *Bouillon de poulet pour l'âme*. Ces livres m'ont immensément aidée!»

— *D. E. Naylor, Angleterre*

«Je n'ai que 12 ans, mais vos livres ont laissé une empreinte indélébile dans mon coeur. Depuis que j'apprends et que j'applique les enseignements tirés des *Bouillon de poulet pour l'âme*, je trouve que ces histoires peuvent grandement servir aux jeunes de mon âge. Les *Bouillon de poulet pour l'âme* m'ont fait découvrir des choses sur l'amour inconditionnel, la sagesse, la mort, les rêves et les buts, ainsi que sur beaucoup d'autres sujets. J'ai appris à chérir ce que j'ai et à ne jamais rien tenir pour acquis. C'est une des plus importantes leçons de la vie. Je veux encourager tout le monde à lire ces livres au plus vite.»

— *Heather, Long Island, New York*

Alors... assoyez-vous, détendez-vous et laissez-vous emporter et émouvoir par la vie et les histoires touchantes de ces êtres uniques qui se racontent. Bonne lecture!

Les histoires sont vivantes.

*Elles viennent vous habiter et,
si vous les accueillez bien,
elles vous instruisent.*

*Lorsqu'elles sont prêtes à circuler,
elles vous le font savoir.*

*Et vous pouvez dès lors
les transmettre à quelqu'un d'autre.*

Un conteur Cree

1

L'AMOUR

La formule magique

Répandez l'amour partout où vous allez: d'abord et avant tout dans votre propre maison. Aimez vos enfants, votre épouse ou votre mari, votre voisin d'à côté... Ne laissez personne venir à vous qui ne reparte meilleur et plus heureux. Soyez l'expression vivante de la bonté de Dieu: bonté de votre visage, bonté de votre regard, bonté de votre sourire, bonté de votre accueil chaleureux.

Mère Teresa

Un professeur d'université demanda aux étudiants de sa classe de sociologie de réaliser une enquête auprès de 200 jeunes garçons vivant dans les quartiers pauvres de Baltimore. Appelés à émettre une opinion concernant le sort qui attendait ces enfants, les étudiants écrivirent dans chaque cas: «*Il n'a aucun avenir.*» Vingt ans plus tard, un autre professeur de sociologie prit connaissance de la première étude. Il décida d'en faire le suivi et demanda à ses étudiants d'aller voir sur place ce qui était arrivé à ces enfants. Si l'on excepte 20 garçons qui avaient déménagé ou étaient décédés, les étudiants découvrirent que 176 des 180 cas restants avaient eu plus que du succès comme avocats, médecins ou hommes d'affaires.

Étonné, le professeur décida de pousser l'enquête plus loin. Heureusement, tous les hommes vivaient encore dans la région et il put demander à chacun d'eux: *«Comment expliquez-vous votre succès?»* Tous répondirent avec chaleur: *«C'est une institutrice...»*

Cette institutrice était toujours vivante et bien alerte. Alors, le professeur retrouva la vieille dame et lui demanda quelle formule magique elle avait employée pour sortir ces jeunes garçons des bas-fonds et les guider sur la voie de la réussite. Les yeux de l'institutrice s'illuminèrent et ses lèvres s'entrouvrirent en un doux sourire: *«C'est très simple,* dit-elle. *J'aimais ces garçons.»*

Eric Butterworth

Le don de soi

«Alors tu penses que je suis courageuse?» demanda-t-elle.

«Oui, je le pense.»

«Tu as peut-être raison. Mais c'est parce que j'ai eu des professeurs dont j'ai pu m'inspirer. Je vais te parler de l'un d'eux.

Il y a plusieurs années, quand j'étais bénévole à l'hôpital Stanford, j'ai connu une petite fille nommée Lisa qui souffrait d'une maladie rare et très grave. Sa seule chance de guérison semblait être de recevoir une transfusion sanguine de son frère âgé de cinq ans, qui avait miraculeusement survécu à la même maladie et avait développé les anticorps nécessaires pour la combattre. Le médecin expliqua la situation au petit frère et lui demanda s'il était prêt à donner son sang pour sa soeur. Je l'ai vu hésiter un instant puis prendre une grande respiration avant de répondre:

«Oui, je vais le faire si ça peut sauver Lisa.»

Durant la transfusion, il était étendu dans le lit à côté de Lisa et il souriait, comme nous souriions tous en voyant la petite fille reprendre des couleurs. Puis le visage du petit garçon devint pâle et son sourire disparut. Il regarda le docteur et demanda d'une voix tremblante:

«Est-ce que je vais commencer tout de suite à mourir?»

Parce qu'il était jeune, le garçon avait mal compris le médecin; il pensait qu'il lui faudrait donner tout son sang.

Oui, j'ai appris le courage, ajouta-t-elle, parce que j'ai eu des professeurs dont j'ai pu m'inspirer.

Dan Millman

Tout le monde peut accomplir de grandes choses... Vous avez simplement besoin d'un coeur plein de grâce. D'une âme régénérée par l'amour.

Martin Luther King

Le bonheur de donner

Un de mes amis avait reçu une automobile en cadeau de la part de son frère. La veille de Noël, en sortant du bureau, Paul vit un petit garnement qui tournait autour de sa voiture neuve, le regard plein d'admiration. «C'est votre voiture, Monsieur?» demanda-t-il.

Paul fit oui de la tête. «Mon frère me l'a donnée pour Noël.» Le garçon n'en revenait pas. «Eh bien! J'aimerais ça...» Il hésita.

Bien sûr, Paul savait ce que le garçon allait dire: il aurait aimé *avoir* un frère comme ça. Mais ce qu'il dit secoua Paul de la tête aux pieds.

«J'aimerais ça, dit-il, *être* un frère comme ça.»

Paul regarda le garçon avec étonnement, puis il ajouta impulsivement: «Aimerais-tu faire un tour dans mon auto?»

«Oh oui! j'aimerais beaucoup!»

Après une courte promenade, le garçon se tourna vers Paul, les yeux brillants: «Voudriez-vous arrêter là, devant ces deux marches?» Il grimpa les marches. Au bout d'un certain temps, Paul l'entendit qui revenait, mais il ne revenait pas vite. Il transportait son petit frère infirme. Il le fit asseoir sur la plus basse des deux marches puis il se serra contre lui en montrant la voiture du doigt.

«La voici, petit, comme je t'ai dit là-haut. Son frère lui a offerte pour Noël et elle ne lui a pas coûté un sou. Et moi, un jour je vais t'en donner une pareille... alors tu pourras voir toi-même toutes les belles choses dans les vitrines de Noël que j'ai essayé de te décrire.»

Paul sortit, souleva le petit garçon et l'installa sur la banquette avant de la voiture. Son grand frère, les yeux rayonnants, monta à ses côtés et ils se lancèrent tous les trois dans une mémorable virée du temps des fêtes.

En cette veille de Noël, Paul comprit ce que Jésus voulait dire par ces mots: *«Il y a plus de bonheur à donner...»*

Dan Clark

Le vrai amour

Moses Mendelssohn, grand-père du célèbre compositeur allemand, était loin d'être un bel homme. En plus d'être plutôt petit, il était affligé d'une affreuse gibbosité.

Il visita un jour un marchand de Hambourg qui avait une fort jolie fille nommée Frumtje. Moses tomba follement amoureux d'elle. Mais son apparence difforme répugnait à Frumtje.

Lorsqu'il fut temps de partir, Moses prit son courage à deux mains et gravit l'escalier qui menait à la chambre de la jeune fille. C'était sa dernière chance de lui parler. Frumtje était d'une beauté angélique, mais elle lui faisait beaucoup de peine en refusant obstinément de le regarder. Après plusieurs tentatives pour engager la conversation, Moses demanda timidement: «Croyez-vous que les mariages soient faits au ciel?»

«Oui, répondit-elle, les yeux toujours rivés au plancher. Et vous?»

«Oui, je le crois, répondit-il. Voyez-vous, au ciel, lorsqu'un garçon naît, le Seigneur annonce quelle fille il mariera. Quand je suis né, on m'a désigné ma future épouse. Puis le Seigneur ajouta: "Mais ta femme sera bossue."

«Aussitôt je me suis écrié: "Oh Seigneur! Une femme bossue, ce serait une tragédie. De grâce, Seigneur, donnez-moi la bosse et faites qu'elle soit belle."»

Alors Frumtje regarda Moses dans les yeux, mue par un lointain souvenir. Elle tendit le bras et offrit sa main à Mendelssohn, dont elle devint plus tard l'épouse dévouée.

Barry et Joyce Vissell

Plus qu'un simple geste

Mark remarqua que le garçon qui marchait devant lui avait trébuché et échappé tous ses livres ainsi que deux chandails, un bâton et un gant de baseball, et un petit magnétophone. Mark s'agenouilla pour aider le garçon à ramasser ses affaires éparpillées. Puisqu'ils allaient dans la même direction, il s'offrit à porter une partie du fardeau. En cours de route, Mark apprit que le garçon s'appelait Bill, qu'il adorait les jeux vidéo, le baseball et l'histoire, qu'il avait beaucoup de difficulté dans les autres matières et qu'il venait de rompre avec sa petite amie.

Quand ils furent rendus devant chez lui, Bill invita Mark à prendre une collation en regardant la télévision. Ils passèrent l'après-midi à rire et à bavarder, puis Mark s'en retourna chez lui. Ils continuèrent de se voir à l'école, mangèrent ensemble une ou deux fois, puis les deux passèrent au cours secondaire. Ils se retrouvèrent dans la même école secondaire où ils eurent de brefs contacts au fil des ans. Finalement, la dernière année tant attendue arriva et, trois semaines avant la remise des diplômes, Bill demanda à Mark s'ils pouvaient se parler.

Bill lui rappela la journée où ils s'étaient rencontrés, des années auparavant. «Tu ne t'es jamais demandé pourquoi je ramenais tant de choses à la maison ce jour-là? Tu vois, j'avais vidé mon casier parce que je ne voulais pas laisser mes affaires en désordre. J'avais volé à ma mère un flacon de pilules pour dormir et je m'en allais chez moi avec l'idée de me suicider. Mais après avoir passé quelque temps ensemble à parler et à rire, j'ai pensé que si je m'étais suicidé, j'aurais raté ce moment-là et plusieurs autres sans doute qui pourraient suivre. Alors tu vois, Mark, quand tu as ramassé mes livres ce jour-là, tu as fait beaucoup plus. Tu m'as sauvé la vie.»

John W. Schlatter

Un compagnon sur mesure

Un petit garçon apparut bientôt sous l'affiche «Jeunes chiens à vendre». «Combien vendez-vous ces jeunes chiens?» demanda-t-il au commerçant.

Le marchand répondit: «Entre 30 et 50 dollars.» Le petit garçon fouilla dans ses poches et en tira de la petite monnaie. «J'ai deux dollars trente-sept, dit-il. Est-ce que je peux les regarder s'il vous plaît?»

Le commerçant sourit et siffla; du chenil ils virent sortir Lady, qui accourut vers eux en passant par le couloir du magasin, suivie de cinq petites boules de poils. Un des jeunes chiens traînait derrière à une bonne distance. Aussitôt qu'il le vit, le petit garçon montra du doigt le petit chien qui boitait derrière les autres: «Qu'est-ce qu'il a celui-là?» Le commerçant lui expliqua que le vétérinaire avait examiné le petit chien et avait découvert une malformation de la hanche. Il boiterait toujours. Il serait toujours infirme. Le petit garçon devint tout excité. «C'est ce petit chien-là que je veux acheter.»

«Non, dit le commerçant, tu ne veux pas acheter ce chien. Mais si tu le veux vraiment, alors je vais te le donner.» Le petit garçon devint plutôt irrité. Il regarda le commerçant droit dans les yeux et dit: «Je ne veux pas que vous me le donniez. Ce petit chien vaut aussi cher que les autres et je le paierai plein prix. En fait, je vais vous donner 2,37 $ maintenant et 50¢ par mois jusqu'à ce qu'il soit bien à moi.»

Le commerçant répliqua: «Tu ne veux pas vraiment acheter ce petit chien. Il ne sera jamais capable de courir, sauter et jouer avec toi comme les autres chiens.»

Sur ce, le petit garçon se pencha, retroussa son pantalon et découvrit une jambe gauche affreusement tordue, soutenue par un appareil orthopédique. Il regarda le commerçant et dit doucement: «Eh bien, je ne cours pas très bien moi-même, et le petit chien aura besoin de quelqu'un qui puisse le comprendre!»

Dan Clark

L'enfant au grand coeur

L'amour fait foi de tout. L'amour est la clé de la vie, celle qui ouvre toutes les portes.

Ralph Waldo Trine

Un jour, on demanda à l'écrivain et conférencier Leo Buscaglia d'être juge dans un concours consistant à trouver l'enfant qui avait le plus grand coeur. Le gagnant fut un petit garçon de quatre ans dont le voisin d'à côté était un vieux monsieur qui venait de perdre sa femme. Lorsque le garçonnet vit le vieil homme pleurer dans sa cour, il s'approcha de lui, s'assit sur ses genoux et resta là sans bouger. Lorsque la mère demanda à son fils ce qu'il avait dit au voisin, l'enfant répondit: «Rien, je l'ai seulement aidé à pleurer.»

Ellen Kreidman

Je t'aime, petite fille

Il était une fois un grand homme qui épousa la femme de ses rêves. De cet amour naquit une petite fille. Quand elle était toute petite, le grand homme la soulevait de terre, chantait un air et dansait avec elle autour de la pièce, et il lui disait: «Je t'aime, petite fille.»

Quand la petite fille atteignit l'âge de dix ans, le grand homme la prenait encore dans ses bras et lui disait: «Je t'aime, petite fille.» Mais la petite fille faisait la moue et disait: «Je ne suis plus une petite fille.» Alors l'homme riait et disait: «Pour moi, tu seras toujours ma petite fille.»

La petite fille qui-n'était-plus-une-petite-fille quitta la maison pour aller vivre sa vie. Plus elle apprenait à se connaître elle-même, plus elle apprenait à connaître cet homme. L'une de ses forces était la capacité d'exprimer son amour à sa famille. Peu importe où elle allait dans le monde, le grand homme l'appelait et lui disait: «Je t'aime, petite fille.»

Le jour vint où la petite fille qui-n'était-plus-une-petite-fille reçut un coup de téléphone. Le grand homme était mal en point. Il avait eu une crise cardiaque. Il ne pouvait plus sourire, rire, marcher, prendre quelqu'un dans ses bras, danser ou dire à la petite fille qui-n'était-plus-une-petite-fille qu'il l'aimait.

Aussi s'est-elle rendue au chevet du grand homme. Quand elle entra dans la chambre, elle vit qu'il avait l'air petit et pas fort du tout. Il la regarda et tenta de lui parler, mais il en était incapable.

La petite fille fit la seule chose qu'elle pouvait faire. Elle grimpa sur le lit à côté du grand homme. Des larmes coulèrent de leurs yeux quand elle mit ses bras autour des épaules désormais inutiles de son père.

La tête contre sa poitrine, elle pensa à plusieurs choses. Elle se souvint des moments magnifiques qu'ils avaient vécus ensemble et comment elle s'était toujours sentie protégée et aimée par le grand homme. Elle pensa à la peine qu'elle éprouverait, aux mots d'amour qui l'avaient réconfortée et qu'elle n'entendrait plus.

Et alors elle entendit, venant de l'intérieur de l'homme, le battement de son coeur. Le coeur battait régulièrement et sans s'inquiéter des blessures dont souffrait le reste du corps. Et pendant qu'elle se reposait là, il se produisit quelque chose de magique. Elle entendit ce qu'elle avait besoin d'entendre.

Le coeur de son père scandait les mots que sa bouche ne pouvait plus prononcer... Je t'aime, petite fille... Je t'aime, petite fille... Je t'aime, petite fille... et elle fut réconfortée.

Patty Hansen

Je veux te rendre hommage

Un soir, un homme entra à la maison, alla trouver son fils de 14 ans et le fit asseoir pour lui parler.

«Une chose incroyable m'est arrivée aujourd'hui, dit-il. Un des jeunes cadres de la compagnie est entré dans mon bureau, m'a dit qu'il m'admirait et m'a offert ce ruban bleu en hommage à mon génie créatif. Tu t'imagines! Il pense que j'ai du génie! Puis il a épinglé ce ruban où on lit: "Je ne suis pas n'importe qui" sur ma veste, juste au-dessus du coeur. Il m'a donné un autre ruban et m'a demandé de trouver quelqu'un d'autre à honorer. En revenant à la maison ce soir, je me demandais à qui je choisirais de remettre ce ruban et j'ai pensé à toi. Je veux te rendre hommage.

«J'ai des journées impossibles et quand j'arrive à la maison, je ne m'occupe pas beaucoup de toi. Quelquefois je te dispute parce que tes notes ne sont pas assez bonnes ou parce que ta chambre est en désordre, mais ce soir, eh bien, je veux juste m'asseoir avec toi et te faire savoir que tu es quelqu'un d'important pour moi. À part ta mère, tu es la personne la plus importante dans ma vie. Tu es un garçon fantastique et je t'aime!»

Le garçon étonné se mit à pleurer et à sangloter; il ne pouvait pas retenir ses larmes. Tout son corps tremblait. Il leva les yeux vers son père et dit entre deux sanglots: «J'avais décidé de me suicider demain, Papa, parce que je pensais que tu ne m'aimais pas. Maintenant je n'ai plus besoin de le faire.»

Helice Bridges

Je ne désespère pas

Parfois, lorsque je prends l'avion entre deux conférences, je me retrouve assis à côté d'une personne plus volubile que les autres. C'est souvent très agréable pour moi parce que je suis un éternel observateur des gens qui m'entourent. J'ai entendu des histoires sur la tristesse, d'autres sur la joie, sur la peur et sur le ravissement, d'autres encore qui n'ont rien à envier à celles que l'on présente aux émissions-débats télévisées.

Il m'arrive malheureusement d'être assis à côté d'une personne qui souhaite uniquement décharger sa bile ou imposer ses opinions politiques à un auditoire captif pendant 800 kilomètres. C'était une de ces journées. Je m'installai avec résignation, alors que mon voisin de siège se lançait dans sa dissertation sur le terrible état du monde, en commençant par le vieux cliché: «Vous savez, les enfants d'aujourd'hui sont...» Il poursuivit de plus belle, me faisant part de notions vagues sur les adolescents et les jeunes adultes d'aujourd'hui. Lorsque je descendis enfin de l'avion et me rendis à mon hôtel, j'allai m'installer pour dîner et plaçai le journal local que je venais d'acheter à côté de moi. Là, sur une des pages se trouvait un article qui aurait dû figurer à la une.

Dans une petite ville de l'Indiana, un jeune garçon de 15 ans souffrant d'une tumeur au cerveau recevait de la radiothérapie et de la chimiothérapie. Les traitements lui avaient fait perdre tous ses cheveux. Je ne sais pas ce qu'il en est de vous, mais je sais ce que j'aurais ressenti à cet âge — j'aurais été mortifié! Les copains de classe du jeune homme étaient venus à la rescousse: tous avaient demandé à leur mère s'ils pouvaient se raser la tête pour que Brian ne soit pas le seul garçon chauve de l'école. On pouvait voir, sur cette page, la photo d'une mère en train de raser la tête de son fils, sous les yeux approbateurs du reste de la famille avec, en arrière-plan, un groupe de jeunes hommes également chauves.

Non, je ne désespère pas des jeunes d'aujourd'hui.

Hanoch McCarty, Ed.D.

Un acte de bonté

Il faut donner du temps à son prochain. Même si c'est peu, faites quelque chose pour autrui — quelque chose qui ne vous rapportera rien de plus que le privilège de l'avoir fait.

Albert Schweitzer

Durant la guerre de Sécession, le président Abraham Lincoln visitait souvent les hôpitaux pour parler aux soldats blessés. Une fois, les médecins lui montrèrent un jeune soldat à l'agonie. Lincoln alla à son chevet.

«Y a-t-il quelque chose que je puisse faire pour vous?», demanda le président. Le soldat ne reconnaissait manifestement pas Lincoln et, non sans effort, il réussit à murmurer: «S'il vous plaît, pourriez-vous écrire un mot à ma mère?»

On apporta du papier et une plume, et le président se mit à noter soigneusement ce que le jeune homme était capable de dicter:

«Ma très chère mère, j'ai été gravement blessé dans l'accomplissement de mon devoir. Je suis désolé de te dire que je ne m'en remettrai pas. Je t'en prie, ne pleure pas trop ma mort. Embrasse Mary et John pour moi. Que Dieu te bénisse et bénisse papa.»

Le soldat étant trop faible pour poursuivre, Lincoln signa la lettre à sa place et ajouta: «Lettre dictée par votre fils et écrite par Abraham Lincoln.»

Le jeune homme demanda à voir la lettre et fut stupéfait d'y voir le nom du président. «Êtes-vous réellement le président?», demanda-t-il. «Oui», répondit doucement Lincoln. Puis, le président demanda s'il pouvait faire quoi que ce soit d'autre pour lui. «Auriez-vous la bonté de me tenir la main?», chuchota-t-il. «Ça m'aidera à affronter la mort.»

Dans la chambre silencieuse, le président, grand et décharné, prit la main du garçon dans la sienne et prononça des paroles chaleureuses et réconfortantes jusqu'à ce que la mort vienne.

The Best of Bits & Pieces

Les étreintes

Il nous faut quatre étreintes par jour pour survivre. Il nous faut huit étreintes par jour pour fonctionner. Il nous faut douze étreintes par jour pour croître.

Virginia Satir

Les étreintes sont bonnes pour la santé. Elles aident le système immunitaire, guérissent la dépression, réduisent le stress et améliorent le sommeil. Elles revigorent, rajeunissent et ne s'accompagnent d'aucun effet secondaire incommodant. Bref, les étreintes sont un remède miracle.

Les étreintes sont cent pour cent naturelles, organiques, aussi sucrées qu'une friandise, exemptes d'ingrédients artificiels, non polluantes, sans danger pour l'environnement et tout à fait saines.

Les étreintes s'offrent merveilleusement bien en cadeau. Quelle que soit l'occasion, elles sont agréables à donner et à recevoir, elles constituent une preuve d'amour, elles n'ont pas besoin d'emballage et, bien entendu, elles sont échangeables en tout temps.

Les étreintes sont virtuellement parfaites: elles ne requièrent pas de piles, ne se déprécient pas à cause de l'inflation, ne font pas grossir, ne nécessitent aucun versement mensuel et ne peuvent se faire ni voler ni taxer.

Les étreintes sont une ressource sous-exploitée qui possède des pouvoirs magiques. Lorsque nous ouvrons nos coeurs et nos bras, nous incitons les autres à faire de même.

Pensez à tous ceux et celles qui vous entourent. Avez-vous quelque chose à leur dire? Avez-vous quelques étreintes à leur faire? Attendez-vous et espérez-vous qu'on vous le demande d'abord? Je vous en prie, n'attendez-pas! Faites les premiers pas!

Charles Faraone

Faites-le maintenant

Dans une classe où j'enseigne aux adultes, je fis récemment une chose «impardonnable». Je donnai un devoir à faire! Au cours de la semaine, l'élève devait «aller voir une personne chère et lui dire qu'il l'aimait». Au début du cours suivant, un des étudiants se leva (de tout son 1 m 90) et commença par préciser:

«Dennis, j'étais plutôt en colère contre vous la semaine dernière quand vous nous avez donné ce devoir. Je ne croyais pas avoir quelqu'un à qui dire ces mots. Or, en retournant chez moi, la voix de ma conscience m'interpella. Elle me souligna que je savais exactement à qui je devais dire "je t'aime". Vous voyez, il y a cinq ans, mon père et moi avions eu un grave différend que nous n'avions jamais véritablement résolu: nous évitions de nous voir. Ainsi, mardi dernier, lorsque j'arrivai à la maison, je m'étais moi-même convaincu de déclarer à mon père que je l'aimais. Étrange, mais le simple fait d'en arriver à cette décision m'avait enlevé un grand poids sur le cœur.

«À 17 h 30, je sonnai à la porte de mes parents, priant pour que ce soit mon père qui ouvre la porte. Je craignais, en voyant ma mère, de me dégonfler et de lui dire à elle que je l'aimais. Mais heureusement, c'est papa qui ouvrit la porte. Sans perdre une minute, je fis un pas dans la maison et je dis: "Papa, je suis simplement venu te dire que je t'aime." On aurait cru que mon père changeait. Son visage s'adoucit sous mes yeux, les rides semblèrent disparaître et il se mit à pleurer. Il me prit dans ses bras et avoua: "Je t'aime aussi mon fils, mais je n'ai jamais été capable de te le dire."

«Ce n'est pas tout ce que j'ai à dire. Deux jours plus tard, mon père eut une attaque et se retrouva à l'hôpital, inconscient. Je ne sais pas s'il va s'en tirer. J'adresse donc mon message à vous tous: n'attendez pas pour accomplir les choses que vous devez accomplir. Que se serait-il passé si j'avais attendu pour parler à mon père? Peut-être n'en aurai-je plus jamais la chance! Prenez le temps de faire ce que vous devez faire et *faites-le maintenant!*»

Dennis E. Mannering

Seul l'amour demeure

Un jour, tandis que j'attendais l'arrivée du massothérapeute, étendue sur une table dans une pièce sombre et silencieuse, une vague de tendresse me submergea. J'ai vérifié pour voir si j'étais bien éveillée et non en train de rêver, mais l'état dans lequel je me trouvais était aussi éloigné que possible de l'état de rêve. Chaque pensée qui me venait était comme une goutte d'eau qui tombe au milieu d'un étang et en trouble la tranquillité, et je m'émerveillai de la paix qui accompagnait chacun de ces moments.

Soudain le visage de ma mère m'apparut — ma mère telle qu'elle était avant que la maladie d'Alzheimer ne lui dérobe son esprit, son humanité et 25 kilos de chair. Ses magnifiques cheveux argentés formaient une couronne autour de son doux visage. Elle était si vraie et si proche que j'avais l'impression qu'en étirant le bras j'aurais pu la toucher. J'ai même senti l'odeur de *Joy*, son parfum préféré. Elle semblait attendre et ne parlait pas.

J'ai dit: «Oh! maman, je suis tellement désolée que vous ayez dû souffrir de cette horrible maladie.»

Elle pencha légèrement la tête d'un côté, comme pour montrer qu'elle comprenait ce que j'avais dit au sujet de sa souffrance. Puis elle sourit — un si beau sourire — et dit, très distinctement: *«Mais moi, je me souviens uniquement de l'amour.»* Et elle disparut.

Je me suis mise à trembler dans cette pièce soudainement devenue froide, et je sus dans mon corps que l'amour que nous donnons et que nous recevons est tout ce qui compte et tout ce dont nous nous souviendrons. La souffrance disparaît; l'amour demeure.

Ses mots sont les plus importants que j'aie jamais entendus, et ce moment est à jamais gravé dans mon coeur.

Bobbie Probstein

Un regard de compassion

Cette histoire se passa il y a très longtemps, un soir de froid mordant dans le nord de la Virginie. Un vieil homme, la barbe toute givrée, attendait qu'un cavalier le fasse monter et l'emmène de l'autre côté de la rivière. L'attente semblait interminable. Le vent glacial du nord engourdissait et raidissait son corps.

Le vieil homme entendit le martèlement encore lointain et rythmé de sabots qui galopaient et qui se rapprochaient sur le sentier glacé. Il guetta impatiemment le bout du sentier lorsqu'enfin quelques cavaliers prirent le virage. Il laissa le premier passer sans faire le moindre geste pour attirer son attention. Un autre cavalier passa, puis un autre. Finalement, le dernier cavalier s'approcha de l'endroit où était assis le vieil homme transformé en statue de glace. Dès que le cavalier fut assez proche, leurs regards se croisèrent et le vieillard dit: «Monsieur, auriez-vous l'amabilité de faire monter un vieil homme pour l'emmener de l'autre côté de la rivière? Il ne semble y avoir aucun endroit pour traverser à pied.»

Serrant la bride à son cheval, le cavalier répondit: «Bien sûr! Montez.» À la vue du vieil homme incapable de soulever son corps à moitié gelé, le cavalier descendit de cheval et l'aida à se mettre en selle. Non seulement lui fit-il traverser la rivière, mais encore il parcourut quelques kilomètres de plus pour le ramener chez lui.

Lorsqu'il arriva près de la modeste mais confortable demeure du vieil homme, le cavalier voulut satisfaire sa curiosité: «Monsieur, j'ai remarqué que vous avez laissé passer plusieurs cavaliers sans même essayer d'attirer leur attention. Puis je suis arrivé et vous m'avez immédiatement demandé de vous prendre. Je suis curieux de savoir pourquoi, par un soir d'hiver si froid, vous avez préféré attendre et vous adresser au dernier cavalier. Qu'auriez-vous fait si j'avais refusé et vous avais laissé là?»

Le vieil homme descendit lentement de cheval, regarda le cavalier droit dans les yeux et répondit: «Il y a longtemps maintenant que je suis sur cette terre. Je pense bien connaître la nature humaine.» L'homme continua: «J'ai regardé les autres cavaliers droit dans les yeux et j'ai vu tout de suite qu'ils ne se souciaient aucunement de ma situation. C'aurait été inutile de seulement leur demander de m'emmener. Mais lorsque je vous ai regardé dans les yeux, j'y ai vu la bonté et la compassion. J'ai su sur-le-champ que vous auriez la noblesse d'esprit de prêter assistance à un homme dans le besoin.»

Ces commentaires touchants émurent profondément le cavalier. «Je vous suis reconnaissant de ces paroles», dit-il au vieil homme. «J'espère que je ne laisserai jamais mes propres préoccupations m'empêcher de venir en aide aux autres avec bonté et compassion.»

Sur ce, Thomas Jefferson tira les rênes de son cheval et s'en retourna à la Maison-Blanche.

Auteur anonyme
Extrait de The Sower's Seeds,
de Brian Cavanaugh

Comme une bouteille à la mer

Dans une rue déserte de la ville un vieillard courbé se promenait,
Avançant d'un pas traînant par un bel après-midi d'automne,
Un automne dont les feuilles lui rappelaient les étés revenus et repartis.
Il allait passer un long hiver de solitude dans l'attente du mois de juin.

Parmi les feuilles tombées près d'un orphelinat, un bout de papier attira son
    attention;
Il se pencha alors et de ses mains tremblantes le ramassa.
En lisant les mots écrits de main d'enfant, le vieil homme pleura,
Car ces mots brûlèrent en lui comme des tisons.

«Qui que vous soyez, je vous aime, qui que vous soyez, j'ai besoin de vous;
Je n'ai personne à qui parler,
Alors qui que vous soyez, je vous aime!»

Cherchant l'orphelinat du regard, les yeux du vieil homme se posèrent sur
    une petite fille,
Qui, le nez collé à la fenêtre, le regardait.
Le vieil homme sut qu'enfin il avait trouvé une amie, la salua et lui sourit
    tendrement.
Et ils comprirent tous deux qu'ils passeraient l'hiver à se moquer du froid.

Puis vint l'hiver et le froid dont ils purent se moquer,
Car ils se parlaient au travers de la palissade et s'échangeaient de petits
    présents que chacun fabriquait pour l'autre,
Le vieil homme sculptant des jouets,
La fillette dessinant de belles dames dans des prés ensoleillés.
La petite fille et le vieillard riaient aux éclats.

Puis, au premier jour de juin, la fillette courut à la palissade un dessin à la
    main,
Mais elle vit que le vieil homme n'était pas là.

Devinant, Dieu sait comment, qu'il ne viendrait plus,
Elle s'en retourna dans sa chambre et écrivit:

«Qui que vous soyez, je vous aime, qui que vous soyez, j'ai besoin de vous;
Je n'ai personne à qui parler,
Alors qui que vous soyez, je vous aime!»

Auteur inconnu

*Si nous apprenions qu'il ne nous reste que cinq minutes pour dire
tout ce que nous avons voulu exprimer, toutes les cabines téléphoni-
ques seraient occupées par des personnes en appelant d'autres pour
leur dire maladroitement qu'elles les aiment.*

Christopher Morley

Un ronron par jour

Au moins une fois par jour, notre vieux chat noir s'approche de l'un de nous d'une façon tellement particulière que nous en sommes tous venus à l'interpréter comme une demande bien précise. Cela ne veut pas dire qu'il veut qu'on le nourrisse, qu'on le fasse sortir ou quelque chose de ce genre. Ce besoin-là est complètement différent.

S'il y a de la place sur vos genoux, il va sauter dessus. Une fois sur vous, il se met à vibrer avant même que vous ne commenciez à lui flatter le dos, à lui gratter le menton et à lui dire maintes et maintes fois que c'est un bon petit chat.

Notre fille dit simplement: «Blackie a besoin qu'on le fasse ronronner.»

Dans notre maison, il n'est pas le seul à avoir ce besoin. Je l'ai aussi et ma femme également. Néanmoins, je l'associe plus particulièrement aux plus jeunes, avec leurs besoins impulsifs et soudains d'être embrassés, pris sur vos genoux, pris par la main, bordés.

Si je ne pouvais faire qu'une seule chose, ce serait celle-ci: garantir à chaque enfant, où qu'il soit, au moins un ronron par jour. Les enfants, comme les chats, ont besoin qu'on leur laisse le temps de ronronner.

Fred T. Wilhelms

Les deux frères

C'est en donnant qu'on reçoit.

Saint François d'Assise

Deux frères travaillaient ensemble sur la ferme familiale. L'un était marié et père d'une famille nombreuse. L'autre était célibataire. À la fin de la journée, les deux frères partageaient moitié-moitié les produits et bénéfices.

Un jour, celui qui était célibataire se dit: «Ce n'est pas juste de partager moitié-moitié les produits et les bénéfices de la ferme. Je vis seul et j'ai peu de besoins.» À partir de ce moment, chaque soir, il prenait un sac de céréales dans son silo, traversait sans bruit le champ qui séparait sa maison de celle de son frère, puis versait les céréales dans le silo de son frère.

Entre-temps, celui qui était marié se dit: «Ce n'est pas juste de partager en parts égales les produits et les bénéfices. Après tout, je suis marié; j'ai une femme et des enfants qui pourront prendre soin de moi plus tard. Mon frère, lui, n'a personne; nul ne pourra s'occuper de son avenir.» À partir de ce moment, chaque soir, il prenait un sac de céréales dans son silo et allait le verser dans le silo de son frère célibataire.

Pendant des années, les deux frères ne comprirent pas comment il se faisait que leur réserve de céréales ne s'épuisait jamais. Puis, un soir sans lune, ils se heurtèrent tête première. Lentement, ils comprirent enfin ce qui s'était passé. Ils laissèrent tomber leurs sacs de céréales et s'embrassèrent.

Source inconnue
Histoire tirée de More Sower's Seeds
de Brian Cavanaugh

Seule une pluie d'amour peut faire éclore la vie dans toute sa pléni-tude.

Elbert Hubbard

Pourboire compris

Un jour, un jeune garçon entra dans le restaurant d'un hôtel et s'assit à une table. Une serveuse lui apporta un verre d'eau. *«Combien coûte une glace garnie de fraises et de chocolat?»* demanda le garçon. *«Cinquante cents»*, répondit la serveuse. Le garçon fouilla dans sa poche et en sortit des pièces de monnaie qu'il examina. *«Et combien coûte une glace sans rien dessus?»* demanda-t-il. Quelques personnes attendaient qu'on leur assigne une table. Impatiente, la serveuse répondit brusquement: *«Trente-cinq cents.»* Le petit garçon compta de nouveau son argent. *«Je vais prendre la glace sans rien dessus.»* La serveuse apporta la glace, déposa la note sur la table et repartit. Le garçon mangea toute la glace, paya la note et quitta le restaurant. Lorsque la serveuse revint pour nettoyer la table, sa gorge se serra. À côté de la coupe vide, le petit garçon avait soigneusement placé deux pièces de cinq cents et cinq pièces de un cent: son pourboire.

The Best of Bits & Pieces

2

APPRENDRE À S'AIMER

Soyez vous-même

Vous n'avez pas à être votre mère à moins que celle-ci ne soit la personne que vous voulez être. Vous n'avez pas à être votre grand-mère ni votre arrière-grand-mère, maternelle ou paternelle. Vous pouvez avoir hérité de son menton, de ses hanches ou de ses yeux, mais votre destin n'est pas de devenir une des femmes qui vous ont précédée. Votre destin n'est pas de vivre leur vie. Ainsi, si vous devez hériter de quelque chose, choisissez d'hériter de leur courage, de leur force. Parce que la seule personne que vous êtes destinée à devenir est la personne que vous déciderez d'être.

Pam Finger

• • • • •

Le président Calvin Coolidge invita un jour des amis de sa ville natale à dîner à la Maison-Blanche. Inquiets de leurs manières à la table, les invités décidèrent de copier exactement tout ce que ferait Coolidge. Cette stratégie eut du succès jusqu'au moment du café. Le président versa son café dans sa soucoupe. Les invités l'imitèrent. Coolidge ajouta de la crème et du sucre. Ses invités firent de même. Puis Coolidge se pencha et plaça la soucoupe sur le sol à l'intention de son chat.

Erik Oleson

Quand l'image qu'il a de lui-même commence à s'améliorer, on constate que l'enfant fait des progrès importants dans toutes les sphères d'apprentissage, mais, ce qui est encore plus significatif, on se trouve en présence d'un enfant qui aime la vie de plus en plus.

Wayne Dyer

Demande d'appréciation

On a tous besoin de la reconnaissance des autres, mais peu de gens le font savoir aussi clairement que ce petit garçon qui demande à son père:

«Jouons aux fléchettes, papa. Moi je lance et toi tu dis "Merveilleux!".»

Bits & Pieces

Nous bonifions tout ce que nous apprécions. L'univers entier réagit à notre appréciation et ne s'en porte que mieux.

Charles Fillmore

Le meilleur!

Une casquette de baseball sur la tête, un bâton et une balle dans les mains, un petit garçon arpentait, en se parlant à lui-même, la cour derrière chez lui.

«Je suis le plus grand joueur de baseball du monde», dit-il fièrement, puis il lance la balle dans les airs, donne un grand coup de bâton et rate la balle. Nullement ébranlé, il ramasse la balle et la relance dans les airs en disant: «Je suis le meilleur joueur de tous les temps.» Il essaie de frapper la balle et la rate encore. Il fait une pause, examine soigneusement balle et bâton. Puis il lance encore une fois la balle dans les airs en disant: «Je suis le plus grand joueur de baseball que le monde ait connu.» Il frappe de toutes ses forces et rate encore la balle.

«Hé! s'exclame-t-il. Quel lanceur!»

Source inconnue

Prêcher par l'exemple

Ce qui suit se trouve gravé sur la tombe d'un évêque anglican dans les cryptes de l'abbaye de Westminster:

Quand j'étais jeune et libre et doté d'une imagination sans frein, je rêvais de changer le monde. Devenu plus sage avec les années, je compris que le monde ne changerait pas, alors je réduisis quelque peu mes visées et décidai de ne changer que mon pays.

Mais lui aussi semblait immuable.

En approchant de la vieillesse, suprême et désespérée tentative, je décidai de ne changer que ma famille, ceux dont j'étais le plus proche. Hélas! ils ne voulurent rien entendre.

Et maintenant, étendu sur mon lit de mort, je comprends soudain: *Si seulement je m'étais d'abord changé moi-même,* alors par mon exemple j'aurais changé ma famille.

De leur inspiration et de leur encouragement, j'aurais tiré la force d'améliorer mon pays et, qui sait, j'aurais peut-être même changé le monde.

Anonyme

La nature humaine réside d'abord et avant tout dans la soif d'amour.

William James

Je suis moi et je suis bien.

Virginia Satir

Le respect d'un serment

David Casstevens du *Dallas Morning News* raconte cette anecdote à propos de Frank Szymanski qui joua au football pour l'équipe de l'université Notre-Dame durant les années quarante, et qui avait été appelé à comparaître comme témoin dans une poursuite au civil à South Bend.

«Faites-vous partie de l'équipe de Notre-Dame cette année?» demanda le juge.

«Oui, votre honneur.»

«Quelle position?»

«Centre, votre honneur.»

«Et vous êtes un bon centre?»

Szymanski se tortilla sur sa chaise, mais répondit avec fermeté: «Monsieur, je suis le meilleur centre que Notre-Dame ait jamais eu.»

L'entraîneur Frank Leahy, qui était dans la salle de tribunal, fut surpris. Szymanski s'était toujours montré modeste et sans prétention. Aussi, lorsque le procès fut terminé, il prit Szymanski à l'écart et lui demanda pourquoi il avait'fait une telle déclaration. Szymanski rougit.

«J'ai détesté faire ça, monsieur, dit-il, mais je n'avais pas le choix. Après tout, j'avais prêté serment.»

David Casstevens

Tout ce qu'on croit sincèrement à propos de soi est vrai pour soi.

Orison Swett Marden

Apprendre à se nourrir les uns les autres

Un homme parlait avec le Seigneur du paradis et de l'enfer. Le Seigneur dit à l'homme:

«Viens, je te montrerai l'enfer.»

Ils entrèrent dans une pièce où un groupe d'hommes partageaient une énorme marmite de ragoût. Chacun d'entre eux était affamé, désespéré et mourant de faim. Chacun tenait dans sa main une cuillère qui pouvait atteindre la marmite, mais chaque cuillère était munie d'une poignée beaucoup plus longue que leur propre bras, si longue qu'elle ne pouvait servir à porter le ragoût à leur bouche. La souffrance était terrible.

«Viens maintenant, je vais te montrer le paradis», dit le Seigneur après un moment.

Ils entrèrent dans une autre pièce, identique à la première — la marmite de ragoût, le groupe de personnes, les mêmes longues cuillères. Pourtant tous étaient heureux et bien nourris.

«Je ne comprends pas, dit l'homme. Pourquoi sont-ils heureux ici alors qu'ils étaient misérables dans l'autre pièce et que tout est semblable?»

Le Seigneur sourit.

«Ah, c'est simple, dit-Il. Ici, ils ont appris à se nourrir les uns les autres.»

Ann Landers

Un petit enfant faisait un dessin et son instituteur lui dit:
«C'est intéressant. Parle-moi de ton dessin.»
«C'est le portrait de Dieu.»
«Mais on ne sait pas à quoi ressemble Dieu.»
«On va le savoir quand j'aurai fini.»

3

L'ART
D'ÊTRE PARENT

La composition de Tommy

Séparés depuis peu, les parents de Tommy seraient bientôt là pour discuter avec moi de leur fils dont le rendement scolaire avait baissé et dont le comportement était devenu turbulent. Enfant unique, Tommy avait toujours été bon élève, souriant et coopératif. Comment allais-je persuader son père et sa mère que ses résultats médiocres des dernières semaines traduisaient le chagrin qu'il éprouvait à l'égard de la séparation et du divorce imminent de ses parents adorés?

La mère de Tommy entra dans la classe et s'assit sur une des deux chaises que j'avais placées près de mon bureau. Le père arriva peu après. Après avoir échangé un regard étonné et agacé, les deux parents s'ignorèrent ostensiblement. Pendant que je leur faisais un compte rendu du comportement de Tommy, j'espérais trouver les mots qui les réconcilieraient et les aideraient à voir ce qu'ils faisaient à leur fils. Mais les mots ne venaient pas. Je pensai alors à leur montrer un des travaux bâclés et raturés de Tommy.

Dans le fond de son pupitre, je trouvai une feuille chiffonnée et tachée de larmes. L'écriture du garçon recouvrait les deux côtés de la feuille; Tommy avait gribouillé une seule et même phrase du début à la fin.

Sans dire un mot, je défroissai la feuille et la tendit à la mère de Tommy. Elle lut la «composition» et la passa silencieusement à son mari. Il fronça les sourcils. Puis son visage se radoucit. Il examina les mots griffonnés pendant un moment qui parut interminable. Finalement, il plia soigneusement la feuille, la mit dans sa poche et allongea le bras pour prendre la main que lui tendait son épouse. Elle essuya ses larmes et lui sourit. J'avais moi-même les yeux dans l'eau, mais ni l'un ni l'autre ne sembla s'en rendre compte.

À sa façon, Dieu m'avait donné les mots qu'il fallait pour réconcilier ce couple. Il m'avait conduite à cette feuille de papier jauni sur laquelle le cœur brisé d'un petit garçon avait déversé sa détresse: *«Chère maman... Cher papa... Je vous aime... Je vous aime... Je vous aime.»*

Jane Lindstrom

Ce jeune regard posé sur vous

Deux petits yeux sont posés sur vous
Et ils observent jour et nuit.
Deux petites oreilles vous écoutent
Et gobent tout ce que vous dites.
Deux petites mains grouillent d'impatience
De faire exactement comme vous.
Un petit garçon n'attend que le jour
Où il sera comme vous.

Vous êtes l'idole de ce petit,
Le sage d'entre les sages.
Dans son jeune esprit,
Rien ne pourrait ternir votre image.
Il croit en vous profondément,

En vos paroles, en vos actions.
Et quand il sera grand,
Il fera et dira comme vous.

Pour ce petit garçon avide,
Vous êtes toujours infaillible;
Il ne ferme jamais les yeux,
Il observe jour et nuit.
Dans tous vos gestes de la journée,
C'est un exemple que vous donnez,
Un exemple qu'il suivra en grandissant.

Source inconnue
Histoire soumise par Ronald Dahlsten

Le présent

C'est par une chaude journée d'été que les dieux le lui offrirent. Elle trembla d'émotion lorsqu'elle le vit, si fragile. Les dieux lui confiaient un présent tout à fait particulier, un présent qui, un jour, appartiendrait à la terre toute entière. D'ici là, lui demandèrent les dieux, elle devait en prendre soin et le protéger. Elle répondit qu'elle avait compris et le ramena respectueusement chez elle, résolue d'être à la hauteur de la confiance que les dieux lui avaient manifestée.

Au début, elle ne le quitta pratiquement jamais des yeux, le protégeait de tout ce qui aurait pu nuire à son bien-être. Lorsqu'il commença à s'éloigner du cocon protecteur qu'elle avait érigé autour de lui, elle le surveilla, le cœur rongé d'inquiétude. Cependant, elle prit bientôt conscience qu'elle ne pouvait pas le garder indéfiniment à l'abri. Il fallait qu'il apprenne à affronter la dure réalité pour devenir plus fort. Avec précaution, elle lui donna donc l'espace dont il avait besoin pour grandir en toute liberté.

Un jour, elle se rendit compte à quel point le présent avait changé. Il ne donnait plus cette impression de vulnérabilité. Maintenant, l'aplomb et la solidité semblaient émaner de lui, comme si une force commençait à l'habiter. Mois après mois, elle le regarda grandir en force et en puissance, et sa promesse lui revint alors à l'esprit. Dans son cœur, elle sentit que se rapprochait le moment où elle allait devoir s'en séparer.

Inévitablement, le jour arriva où les dieux vinrent reprendre le présent pour l'offrir au monde. La femme éprouva un immense chagrin, car elle savait que la compagnie du présent lui manquerait. Profondément reconnaissante, toutefois, elle remercia les dieux de lui avoir donné le privilège de veiller sur lui pendant si longtemps. Elle releva fièrement la tête, car il y avait là un présent véritablement unique, un présent qui allait participer à la beauté et à l'essence même du monde autour de lui. Dès lors, la mère laissa partir son enfant.

Renee R. Vroman

Mais non

Je t'ai regardé en souriant l'autre jour.
Je croyais que tu me verrais, mais non.

J'ai dit «Je t'aime» et j'ai attendu
pour voir ce que tu dirais.
Je pensais que tu m'entendrais, mais non.

Je t'ai demandé de venir jouer
dehors à la balle avec moi.
Je pensais que tu me suivrais, mais non.

J'ai fait un dessin juste pour que tu le voies.
Je pensais que tu le garderais, mais non.

J'ai construit une cabane pour nous dans le bois.
Je pensais que tu camperais avec moi, mais non.

J'ai trouvé des vers et tout ce qu'il faut pour la pêche.
Je pensais que tu voudrais y aller, mais non.

J'avais besoin de toi juste pour te parler,
partager mes pensées avec toi.
Je pensais que tu voudrais, mais non.

Je t'ai parlé de ma prochaine compétition,
espérant que tu y serais.
Je pensais que tu viendrais sûrement, mais non.

Je t'ai demandé de partager ma jeunesse avec moi.
Je pensais que tu voudrais, mais tu ne pouvais pas.

Mon pays m'a appelé sous les drapeaux,
tu m'as demandé de rentrer à la maison sain et sauf.
Mais non.

Stan Gebhardt

L'honnêteté, une denrée rare

Ce que vous êtes parle si fort qu'on n'entend plus ce que vous dites.
Ralph Waldo Emerson

Par un beau samedi après-midi, mon ami Bobby Lewis emmenait fièrement ses deux petits gars faire une partie de golf miniature. Il se présenta au guichet et dit à l'homme qui vendait les tickets: «Combien ça coûte pour entrer?»

Le jeune homme répondit: «Trois dollars pour vous et trois dollars pour les enfants qui ont plus de six ans. On les laisse entrer gratis s'ils sont âgés de six ans ou moins. Quel âge ont-ils?»

Bobby répondit: «L'avocat a trois ans et le docteur sept, alors je vous dois six dollars.»

L'homme au guichet s'étonna: «Eh ben quoi, Monsieur, vous venez de gagner à la loterie? Vous auriez pu épargner trois dollars. Vous n'aviez qu'à me dire que le plus vieux avait six ans, je n'aurais pas su que vous mentiez.» Bobby répliqua: «Oui, vous avez peut-être raison, mais les enfants, eux, l'auraient su.»

Comme l'a dit Ralph Waldo Emerson: «Ce que vous êtes parle si fort qu'on n'entend plus ce que vous dites.» En ces temps difficiles où l'honnêteté est une denrée rare et plus précieuse que jamais, assurez-vous d'être un bon exemple pour les personnes avec qui vous vivez et travaillez.

Patricia Fripp

Un cœur courageux

Je suis assise sur une chaise branlante de l'amphithéâtre, une caméra vidéo sur l'épaule, les larmes aux yeux. Ma fille de six ans, calme, pleine d'assurance et concentrée, chante de tout son cœur sur la scène. Je suis fébrile, nerveuse, émotive. J'essaie de retenir mes larmes.

«Écoutez, entendez-vous ce son, ces cœurs qui battent partout dans le monde?» chante-t-elle.

Son petit visage rond se tourne vers la lumière, son petit visage si cher, si familier et pourtant si différent du mien dont les traits sont plus fins. Ses yeux — si dissemblables aux miens — regardent l'auditoire avec une confiance absolue. Elle se sait aimée.

«Là-bas dans les plaines, là-bas dans les vallons, partout dans le monde, les cœurs battent à l'unisson.»

C'est le visage de sa mère biologique que je vois dans celui de ma fille. Ces yeux qui parcourent l'auditoire, ce sont les yeux d'une jeune femme qui un jour plongea son regard dans le mien avec confiance. Ces traits, ce sont les traits dont ma fille a hérité de sa mère biologique: des yeux en amande et des petites joues roses que je ne peux cesser d'embrasser.

«Rouge ou brun, blanc ou ébène, c'est le cœur de l'espèce humaine... oh, oh, qui bat au loin, qui bat au loin», termine-t-elle.

L'auditoire est transporté. Moi aussi. La salle résonne d'un tonnerre d'applaudissements. Nous nous levons tous en même temps pour montrer à Mélanie que nous avons adoré sa performance. Elle sourit; elle le savait déjà. À présent, je pleure. Je me sens si heureuse d'être sa mère. Elle me donne tellement de joie que mon cœur fait mal.

Le cœur de l'espèce humaine... un cœur qui nous montre la voie dans les ténèbres... un cœur qui unit deux étrangères dans un même but: voilà le cœur que me montra la mère biologique de Mélanie. Du plus profond de son être, Mélanie ressentait le courage immense de sa mère biologique qui, à

16 ans, était devenue femme par amour et avait accepté d'offrir à son enfant ce qu'elle ne pouvait lui donner: une vie meilleure que la sienne.

Le cœur de Mélanie bat contre le mien pendant que je la tiens dans mes bras en lui disant combien sa performance était merveilleuse. Elle se détache de moi et me demande: «Pourquoi pleures-tu, maman?»

«Parce que je suis si heureuse pour toi et parce que tu t'en es si bien tirée, comme une grande!», que je lui réponds. Je sens que je l'étreins avec beaucoup plus que mes bras. Je l'étreins avec l'amour de mon cœur, mais aussi avec celui de cette femme courageuse qui prit la décision de donner naissance à ma fille et qui prit ensuite la décision de me la donner. Je transmets à Mélanie l'amour de deux cœurs... celui de la mère biologique qui eut l'immense courage de me la confier et celui de la femme dont les bras vides attendaient avec amour, *car nos deux cœurs battent à l'unisson.*

Patty Hansen

Le sens de l'adoption

Debbie Moon, une enseignante, discutait d'une photo de famille avec ses élèves âgés d'environ six ans. Sur la photo, il y avait un petit garçon dont la couleur de cheveux différait de celle des autres membres de sa famille.

Un élève laissa entendre que le garçon sur la photo devait être un enfant adoptif, puis une petite fille appelée Jocelynn dit: *«Je sais tout sur l'adoption, moi, car je suis une enfant adoptive.»*

«Qu'est-ce que c'est, un enfant adoptif?», demanda un autre élève.

La petite Jocelynn répondit: *«C'est quand notre mère nous porte dans son cœur plutôt que dans son ventre.»*

George Dolan

Héritage d'un enfant adoptif

Il était une fois deux femmes qui ne se connaissaient aucunement.
La première, tu n'as aucun souvenir d'elle; la seconde, tu l'appelles maman.
Pour te façonner, deux existences se sont unies.
L'une est ta bonne étoile; l'autre est le soleil de ta vie.
La première t'a mis au monde; la seconde t'a appris à marcher.
La première t'a transmis le besoin d'aimer, la seconde est là pour le combler.
L'une t'a donné une nationalité, l'autre t'a donné un nom.
L'une t'a donné un talent, l'autre t'a donné une mission.
L'une t'a donné des émotions, l'autre a apaisé tes peurs.
L'une a vu ton premier sourire, l'autre a séché tes pleurs.
L'une a cherché pour toi un foyer qu'elle ne pouvait donner,
L'autre a espéré un enfant et a vu ses prières exaucées.
Et voilà qu'à présent tu me poses, entre deux sanglots,
Cette question de toujours qui n'a encore trouvé aucun écho.

Hérédité ou milieu? Lequel des deux t'a façonné?
Ni l'un ni l'autre, mon chéri. Ni l'un ni l'autre. Seulement deux façons
  d'aimer.

Auteur inconnu

La mort est un défi.
Elle nous enseigne à ne pas perdre de temps...
Elle nous enseigne à dire la vérité
maintenant que notre amour est partagé.

Leo F. Buscaglia

Le riche n'est pas celui qui possède beaucoup,
mais celui qui donne beaucoup.

Erich Fromm

Il n'est qu'un petit garçon
jouant au baseball

Il se tient debout au marbre
son cœur battant la chamade.
Les buts sont pleins,
les dés sont jetés.
Papa et maman ne peuvent pas lui venir en aide,
il se tient là, seul.
Un coup frappé en ce moment
ferait gagner l'équipe.
La balle passe au-dessus du marbre,
il s'élance, et manque.
La foule grogne,
il y a quelques huées et sifflets.

Une voix irréfléchie s'écrie:
«Débarrassez-vous de ce bon à rien!»
Il a les larmes aux yeux,
le jeu n'est plus amusant.

Alors ouvrez votre cœur et donnez-lui une chance,
car ce sont des moments comme ceux-ci
qui peuvent faire un homme.
S'il vous plaît, gardez ça à l'esprit
quand vous entendez quelqu'un qui l'oublie.
Il n'est qu'un petit garçon, et pas encore un homme.

le chapelain Bob Fox

Mon père, quand j'avais...

4 ans: Mon papa peut tout faire.

5 ans: Mon papa sait beaucoup de choses.

6 ans: Mon papa est plus intelligent que ton papa.

8 ans: Mon papa ne sait pas tout à fait tout.

10 ans: Dans l'ancien temps, quand mon père était jeune, les choses étaient sans aucun doute très différentes.

12 ans: Oh! bien, naturellement, mon père ne connaît rien à ce sujet! Il est trop vieux pour se souvenir de son enfance.

14 ans: Ne portez pas attention à mon père. Il est tellement vieux jeu!

21 ans: Lui? Mon Dieu, il est désespérément démodé.

25 ans: Papa en connaît un peu à ce sujet; c'est normal, il y a tellement longtemps qu'il roule sa bosse.

30 ans: Peut-être devrions-nous demander à papa ce qu'il en pense. Après tout, il a tant d'expérience.

35 ans: Je ne ferai rien tant que je n'aurai pas parlé à papa.

40 ans: Je me demande comment papa s'y serait pris. Il était si sage et avait énormément d'expérience.

50 ans: Je donnerais n'importe quoi pour que papa soit ici pour discuter de cela avec lui. Dommage que je n'aie pas reconnu son intelligence. Il aurait pu m'en apprendre beaucoup.

Ann Landers

Reviens, Paco

Un jour, dans une petite ville d'Espagne, un homme appelé Jorge eut une violente dispute avec son jeune fils Paco. Le lendemain matin, Jorge découvrit que Paco n'était plus dans son lit: il s'était enfui de la maison.

Jorge, en proie au remords, scruta son cœur et prit conscience que son fils était ce qu'il avait de plus précieux. Désireux de recommencer à zéro, Jorge se rendit à un magasin bien connu de la rue principale et posa dans la vitrine une grande affiche qui disait: «*Paco, reviens à la maison. Je t'aime. Rendez-vous ici demain matin.*»

Le matin suivant, Jorge retourna au magasin. Il y trouva sept jeunes garçons prénommés Paco qui avaient eux aussi fugué. Ces garçons avaient tous répondu à l'appel de l'amour et chacun d'eux espérait que ce fut son père qui l'attendait à bras ouverts pour le ramener à la maison.

Alan Cohen

Sauvée

Une petite orpheline vivait avec sa grand-mère et dormait à l'étage.

Une nuit, la maison prit feu et la grand-mère mourut en essayant de sauver sa petite-fille. L'incendie se propagea rapidement et le rez-de-chaussée fut vite envahi par les flammes.

Des voisins appelèrent les pompiers, puis attendirent sans pouvoir aider, incapables d'entrer dans la maison à cause des flammes qui bloquaient toutes les entrées. Juste au moment où la rumeur circulait que les pompiers arriveraient avec quelques minutes de retard, parce qu'ils étaient tous occupés à éteindre un autre incendie, la petite fille apparut à une des fenêtres de l'étage, pleurant et criant à l'aide.

Soudain, un homme apparut avec une échelle, la posa contre le mur de la maison et disparut à l'intérieur. Lorsqu'il réapparut, il tenait dans ses bras la petite fille. Il la remit aux gens qui attendaient en bas de l'échelle et disparut dans la nuit.

L'enquête qui fut menée révéla que l'enfant n'avait aucun parent vivant. Quelques semaines plus tard, les autorités municipales tinrent séance pour déterminer qui prendrait charge de l'enfant pour l'élever.

Une enseignante proposa de prendre la petite fille chez elle en disant qu'elle pourrait lui donner une bonne éducation. Puis un fermier offrit d'élever l'enfant sur sa ferme. Il affirma que la vie de ferme était saine et bonne. D'autres encore se proposèrent en expliquant ce qu'ils avaient à offrir à la petite fille.

Finalement, l'homme le plus riche de la ville se leva et dit: «Je peux donner à cette enfant tout ce que vous venez de mentionner, plus de l'argent et tout ce que cet argent peut acheter.»

Durant toute cette discussion, la petite fille était demeurée silencieuse, les yeux baissés.

«Y a-t-il quelqu'un d'autre qui veut prendre la parole?», demanda le président de la séance. Du fond de la salle, un homme s'approcha. Il marchait lentement et paraissait souffrir. Lorsqu'il arriva en avant, il s'arrêta devant la petite fille et tendit les bras. La foule fut stupéfaite. Ses bras et ses mains portaient de terribles cicatrices.

L'enfant s'écria alors: «C'est l'homme qui m'a sauvée!». Spontanément, elle sauta dans ses bras, le tenant comme elle l'avait tenu la nuit de l'incendie, comme pour s'accrocher à la vie. Elle enfouit son visage dans le cou de l'homme et sanglota un moment. Puis elle le regarda et lui sourit.

«La séance est levée», annonça le président.

Histoire tirée de
Leadership... with a human touch

Si je pouvais recommencer à élever mon enfant

Si je pouvais recommencer à élever mon enfant,
Je me salirais davantage les doigts et
    je montrerais moins souvent du doigt.
Je privilégierais moins la correction et
    plus la communication.
Je quitterais ma montre des yeux et
    je me servirais davantage de mes yeux pour voir.
Je me contenterais d'en savoir moins et
    je saurais chérir davantage.
Je ferais plus d'excursions et
    je ferais voler plus de cerfs-volants.

J'arrêterais de me prendre au sérieux et
    je jouerais plus sérieusement.
Je courrais à travers plus de champs et
    j'observerais plus d'étoiles.
Je ferais plus d'étreintes et
    j'aurais moins de tiraillements.
Je serais inébranlable moins souvent et
    je soutiendrais davantage.
Je bâtirais d'abord l'estime de soi, et
    la maison plus tard.
Je témoignerais moins de l'amour du pouvoir, et
    davantage du pouvoir de l'amour.

Diane Loomans

Gratis, mon fils

Un soir, notre petit garçon vint voir sa mère et lui remit un bout de papier. Ma femme essuya ses mains et lut le message:

Tonte du gazon	5,00 $
Nettoyage de ma chambre cette semaine	1,00
Commissions au magasin	0,50
Surveillance de mon jeune frère pendant ton absence	0,25
Sortie des poubelles	1,00
Bon bulletin	5,00
Nettoyage et ratissage du terrain	2,00
Montant dû:	14,75 $

Eh bien! Croyez-moi, lorsque ma femme leva la tête et regarda notre fils, je vis tous les souvenirs qui déferlaient dans ses yeux. Elle prit un stylo, retourna la feuille de papier et écrivit ce qui suit:

Pour les neuf mois pendant lesquels je t'ai porté afin que tu te développes: GRATIS. Pour toutes les nuits où je t'ai veillé et soigné, et où j'ai prié pour toi: GRATIS. Pour tous les moments éprouvants et toutes les larmes dont tu as été la cause: GRATIS. Pour toutes les nuits remplies d'angoisse et tous les soucis anticipés: GRATIS. Pour les jouets, la nourriture, les vêtements et même le mouchage de ton nez: GRATIS, mon fils. Et si tu fais le compte de tout cela, tu verras que l'amour véritable ne te coûte pas cher: il est GRATUIT.

Lorsque notre fils eut fini de lire ce message, ses bonnes vieilles larmes d'autrefois brillaient à travers ses cils. Il regarda sa mère droit dans les yeux et lui dit: «Maman, je t'aime tellement.» Puis, il prit le stylo et écrivit en grosses lettres majuscules: «PAYÉ».

M. Adams

Almie Rose

Un jour, au moins deux mois avant Noël, notre fille de neuf ans, prénommée Almie Rose, nous annonça à son père et à moi qu'elle voulait une bicyclette pour cadeau. Sa vieille bicyclette *Barbie* faisait maintenant trop bébé, sans compter qu'elle avait besoin d'un nouveau pneu.

À l'approche de Noël, son désir d'avoir un nouveau vélo sembla s'émousser — c'est du moins ce que nous pensions, car elle n'y fit plus allusion. Nous lui achetâmes alors autre chose. Puis, à notre grand étonnement, le 23 décembre, elle annonça fièrement qu'elle «désirait une nouvelle bicyclette plus que tout au monde».

À présent, nous ne savions plus que faire. Entre tous les derniers préparatifs du repas de Noël et les achats de dernière minute, il était vraiment trop tard pour aller choisir la «bonne» bicyclette pour notre fille. Toujours est-il que la veille de Noël, aux alentours de 21 h, une fois Almie Rose et son frère Dylan, six ans, bien blottis dans leur lit, nous nous sentîmes soudain obsédés par cette bicyclette, coupables à l'idée que nous allions désappointer notre enfant.

C'est à ce moment que Ron, mon mari, eut une inspiration. «Et si je lui fabriquais une petite bicyclette d'argile accompagnée d'une note qui dirait qu'elle peut aller l'échanger contre une vraie bicyclette?» Évidemment, l'idée qui permettait d'échafauder pareil plan était la suivante: comme il s'agissait d'une grosse dépense et qu'Almie Rose était maintenant une «grande fille», il valait mieux qu'elle la choisisse elle-même. Mon mari passa donc les quatre heures qui suivirent à travailler assidûment l'argile pour en faire sortir une bicyclette miniature.

Le matin de Noël, nous étions très impatients de voir Almie Rose déballer le petit paquet en forme de cœur qui contenait la jolie bicyclette d'argile rouge et blanche, ainsi que le mot qui l'accompagnait. Le moment vint enfin où elle l'ouvrit et lut le mot à voix haute.

Elle nous regarda, moi d'abord, son père ensuite, et dit: «Alors, est-ce que cela veut dire que je vais échanger contre un vrai vélo cette bicyclette que papa a faite pour moi toute seule?»

Ravie, je répondis «Oui».

Les yeux pleins de larmes, Almie Rose objecta: «Jamais je ne pourrais échanger cette magnifique bicyclette que papa m'a fabriquée. J'aime mieux la garder que d'avoir un vrai vélo.»

À cet instant, nous aurions remué ciel et terre pour lui acheter toutes les bicyclettes du monde entier!

Michelle Lawrence

Où est Barney?

Une fillette de quatre ans se trouvait chez le pédiatre pour son examen annuel. Lorsque le médecin examina ses oreilles à l'aide d'un otoscope, il demanda à la fillette: «Penses-tu que je vais voir *Big Bird* ici?» La petite fille ne répondit pas.

Il prit ensuite un abaisse-langue pour examiner sa gorge. Il demanda: «Penses-tu que je vais voir *Cookie Monster* ici?» La fillette resta silencieuse.

Enfin, le médecin posa un stéthoscope sur la poitrine de la fillette pour écouter son cœur et demanda: «Penses-tu que je vais entendre *Barney* ici?»

«Oh non!, répondit la petite fille, c'est Jésus qui est dans mon cœur. Barney, lui, il est sur mes petites culottes.»

Auteur inconnu

4

L'APPRENTISSAGE ET L'ENSEIGNEMENT

Des principes pour les humains

1. **Vous recevrez un corps.**

   Vous pouvez l'aimer ou le détester, mais ce sera le vôtre pour toute la durée de cette vie.

2. **Vous apprendrez des leçons.**

   Vous êtes étudiant à plein temps à l'école informelle de la Vie. Chaque jour dans cette école vous aurez l'occasion d'apprendre des leçons. Vous pouvez aimer ces leçons ou les juger inutiles et stupides.

3. **Il n'y a pas d'erreurs, que des leçons.**

   Votre croissance sera faite d'échecs et de réussites: expérimentez. Les expériences «échouées» font tout autant partie du processus de croissance que celles qui finissent par «réussir».

4. Une leçon sera répétée jusqu'à ce qu'elle soit apprise.

Une même leçon vous sera présentée de diverses manières jusqu'au jour où vous l'aurez apprise. Une fois apprise, vous pouvez avancer à la leçon suivante.

5. On n'arrête jamais d'apprendre.

Il n'y a pas d'âge de la vie qui ne renferme ses leçons. Si vous êtes vivant, vous avez des leçons à apprendre.

6. «Là-bas» n'est pas meilleur qu'«ici».

Quand votre «là-bas» sera devenu l'«ici», vous obtiendrez simplement un autre «là-bas» qui lui aussi vous paraîtra meilleur qu'«ici».

7. Les autres sont un miroir de vous.

Vous ne pouvez pas aimer ou détester quelque chose chez une autre personne à moins que ce quelque chose ne soit le reflet d'une partie de vous-même que vous aimez ou détestez.

8. **C'est à vous de décider ce que vous faites de votre vie.**

   Vous avez tous les outils et toutes les ressources nécessaires. Ce que vous en faites est votre affaire. À vous de choisir.

9. **Vos réponses reposent en vous.**

   Les réponses aux questions que pose la Vie sont en vous. Vous n'avez qu'à regarder, écouter, faire confiance.

10. **Vous oublierez tout cela.**

Chérie Carter-Scott

Les règles d'or de la vie

Si vous l'avez ouvert, refermez-le.
Si vous l'avez allumé, éteignez-le.
Si vous l'avez déverrouillé, verrouillez-le.
Si vous l'avez cassé, admettez-le.
Si vous ne pouvez pas le réparer, appelez quelqu'un qui le peut.
Si vous l'empruntez, rendez-le.
Si vous l'appréciez, prenez-en soin.
Si vous faites un gâchis, nettoyez-le.
Si vous le déplacez, replacez-le.
Si ce n'est pas de vos affaires, ne posez pas de questions.
Si cela peut illuminer la journée de quelqu'un, dites-le.
Si cela peut ternir la réputation de quelqu'un, taisez-vous.

Auteur inconnu

Les oies

Vous vous demandez peut-être pourquoi des oies volent en formation. Eh bien, chaque fois qu'une oie bat de l'aile, elle crée un courant ascendant qui facilite le vol de l'oie qui la suit. Grâce à leur formation en V, les oies volent avec une efficacité d'au moins 71 % supérieure à celle qu'elles auraient si elles volaient chacune de leur côté.

Les gens qui vont dans la même direction et qui ont le sens du partage peuvent se rendre à destination plus rapidement et plus facilement, car ils avancent en s'entraidant.

Lorsqu'une oie se sépare de son groupe, elle sent la résistance accrue qu'elle doit affronter seule. Cela l'incite à reprendre sa place au sein du groupe afin de profiter du courant ascendant créé par l'oie qui la précède.

Si nous possédons autant de bon sens qu'une oie, nous devons rester en formation avec les gens qui vont dans la même direction que nous.

Lorsque l'oie qui se trouve en tête de la formation est fatiguée, elle va derrière et une autre oie prend sa place.

Il n'est que logique d'accomplir à tour de rôle les tâches exigeantes, et cela vaut autant pour les gens que pour les oies qui se dirigent vers le sud.

Les oies qui se trouvent derrière le groupe cacardent pour encourager celles qui volent devant à maintenir leur vitesse.

Quel message envoyons-nous lorsque nous crions après les autres?

Le dernier point, le plus crucial, c'est lorsqu'une oie tombe malade, se fait tirer par un chasseur ou s'éloigne du groupe par mégarde, deux autres oies la suivent pour lui prêter secours et la protéger. Elles demeurent avec l'oie tombée jusqu'à ce que celle-ci soit de nouveau capable de voler ou jusqu'à ce qu'elle meure. Ce n'est qu'à ce moment qu'elles repartent, toutes seules ou avec une autre formation, pour rejoindre leur groupe.

Si nous avons autant de bon sens qu'une oie, nous devons nous entraider.

Source inconnue

Adam

En convalescence à la suite de sa deuxième intervention à cœur ouvert à l'hôpital pour enfants Western Ontario, ma fille de six ans quitta l'unité des soins intensifs pour l'étage de la pédiatrie. Comme une partie de l'étage était fermée, Kelley se retrouva dans l'aile réservée aux enfants atteints de cancer.

Dans la chambre voisine, Adam, un garçon de six ans, se battait contre la leucémie. Il passait une partie de chaque mois à l'hôpital pour recevoir des traitements de chimiothérapie. Chaque jour, Adam venait se promener dans la chambre de Kelley, poussant la perche qui soutenait son soluté de chimiothérapie. En dépit de l'inconfort des traitements, Adam était toujours souriant et enjoué. Il nous distrayait pendant des heures en nous racontant ses nombreuses histoires. Adam réussissait toujours à trouver un aspect positif et humoristique dans toute situation, si difficile fut-elle.

Un jour en particulier, j'étais très fatiguée et anxieuse de voir Kelley quitter l'hôpital. La journée grise et sombre ne faisait qu'alimenter ma mélancolie. Pendant que je regardais le ciel pluvieux par la fenêtre, Adam arriva pour sa visite quotidienne. Je lui dis à quel point je trouvais la journée déprimante. Avec son sourire immuable, Adam se tourna vers moi et me répondit d'un ton enjoué: *«Chaque journée est belle pour moi.»*

Depuis ce jour-là, je n'ai jamais connu un jour sombre. Même les jours les plus gris m'apportent un sentiment de joie, chaque fois que je pense avec reconnaissance aux sages paroles prononcées par un brave petit garçon de six ans qui portait le nom d'Adam.

Patti Merritt

C'est votre main, madame

Un jour d'Action de Grâces, un journal parlait dans son éditorial d'une institutrice qui avait demandé à ses élèves, en classe de première année, de dessiner une chose pour laquelle ils rendaient grâce à Dieu. Elle pensait que ces petits enfants des quartiers pauvres avaient en réalité peu de choses dont ils pouvaient être reconnaissants. Mais elle se disait que la plupart d'entre eux dessineraient des dindes ou des tables couvertes de victuailles. L'institutrice resta bouche bée en voyant le dessin que lui remit Douglas... un naïf dessin d'enfant représentant une main.

Mais la main de qui? La classe était fascinée par cette image abstraite. «Je pense que ça doit être la main de Dieu qui nous apporte la nourriture», dit un enfant. «Celle d'un fermier, dit un autre enfant, parce que c'est lui qui élève les dindes.» Finalement, quand les autres enfants furent tous occupés, l'institutrice se pencha sur le pupitre de Douglas et lui demanda à qui appartenait cette main. *«C'est votre main, madame»*, murmura-t-il.

Très souvent, durant la récréation, elle se rappelait avoir pris par la main ce petit garçon chétif et solitaire. Elle le faisait aussi avec d'autres enfants. Mais pour Douglas, cela avait une telle importance. Peut-être avons-nous tous une même et bonne raison de remercier Dieu le jour de l'Action de Grâces, non pas pour les bienfaits matériels mais pour la chance qui nous est donnée chaque jour, quels que soient nos moyens, de donner aux autres.

Source inconnue

*Les enseignants sont ceux qui jettent des ponts
sur lesquels ils invitent les élèves à passer;
une fois les élèves de l'autre côté,
le pont s'écroule gaiement,
incitant ceux qui viennent de le traverser
à construire leurs propres ponts.*

Nikos Kazantzakis

Le paradis et l'enfer

Un vieux moine était assis sur le bord de la route, les yeux fermés, les jambes croisées, les mains posées sur les genoux. Il restait assis là, méditant profondément. Soudain, son *zazen* fut interrompu par la voix rauque et revendicatrice d'un samouraï. «Vieil homme! Dis-moi à quoi ressemblent le paradis et l'enfer!»

Sur le coup, le moine n'eut pas la moindre réaction. Mais peu à peu, il ouvrit les yeux, releva imperceptiblement les commissures de ses lèvres, comme pour sourire, tandis que le samouraï restait planté là, impatient, de plus en plus agité.

«Tu désires connaître les secrets du paradis et de l'enfer?», demanda finalement le moine. «Toi, avec ton allure négligée, avec tes mains et tes pieds couverts de boue, avec tes cheveux ébouriffés, avec ta mauvaise haleine, avec ton épée rouillée et tordue, toi qui es laid et dont la mère t'habille si drôlement, tu oses me demander de te parler du paradis et de l'enfer?»

Le samouraï jura vilainement. Il sortit son épée et la souleva au-dessus de sa tête. Son visage devint cramoisi et les veines de son cou se gonflèrent tandis qu'il s'apprêtait à couper la tête du moine.

«Cela, c'est l'enfer», lui dit doucement le vieux moine, juste au moment où l'épée commençait à redescendre. Le samouraï resta bouche bée de stupéfaction, de respect, de compassion et d'amour devant cet homme aimable qui avait risqué rien de moins que sa vie pour lui prodiguer cet enseignement. Il arrêta son épée à mi-chemin et ses yeux se remplirent de larmes de gratitude.

«Et cela, c'est le paradis», dit le moine.

R. John W. Groff Jr.

Il n'est jamais trop tard

Il y a plusieurs années, dans un cours de communication, je fis l'expérience d'un processus très singulier. Le professeur nous demanda de faire une liste de toutes nos actions passées qui faisaient naître en nous la honte, la culpabilité, le remords ou l'impression d'une tâche inachevée. La semaine suivante, il invita des étudiants à lire leur liste à voix haute. Ce qu'il demandait était quelque chose de très personnel, mais il y a toujours quelque brave âme qui se porte volontaire dans ces moments-là. Chaque fois que des étudiants lisaient leur liste, la mienne s'allongeait. Après dix semaines, j'avais 101 actions sur ma liste. Le professeur nous suggéra ensuite de trouver des moyens de corriger ces choses, de s'excuser auprès des gens concernés ou de poser un geste qui effacerait nos mauvaises actions. Je me demandai alors comment tout cela pourrait bien améliorer mes compétences en communication, et je me voyais déjà en train de m'aliéner à peu près tout mon entourage.

La semaine suivante, l'homme assis derrière moi leva sa main et nous lut cette histoire:

En faisant ma liste, je me suis rappelé un incident qui s'est passé à l'école quand j'étais adolescent. J'ai grandi dans une petite ville. Il y avait un shérif que nous, les enfants, n'aimions pas. Un soir, mes deux camarades et moi avions décidé de jouer un sale tour au shérif Brown. Après avoir bu quelques bières, nous avons trouvé de la peinture rouge, escaladé le haut réservoir d'eau de la ville et écrit en grosses lettres rouges sur le réservoir: Le shérif Brown est un fils de p... Le jour suivant, toute la ville a pu admirer notre graffiti. Au cours de la matinée, le shérif nous a fait venir dans son bureau. Mes camarades ont avoué, mais moi j'ai menti et nié la vérité. Personne ne l'a su.

Presque 20 ans plus tard, le nom du shérif Brown est apparu sur ma liste. Je ne savais même pas s'il était encore vivant. La fin de semaine dernière, j'ai téléphoné dans ma région natale pour obtenir son numéro. Il y avait effectivement un Roger Brown dans l'annuaire. Je

lui ai téléphoné. Au bout de quelques sonneries, j'ai entendu: «Allo?»
J'ai dit: «Shérif Brown?» Il y a eu un silence. «Ouais?» «Euh... C'est
Jimmy Calkins à l'appareil. Je veux que vous sachiez que c'était moi
le coupable.» Il y a eu encore un silence. «Je le savais!», s'est-il
exclamé. Nous avons ri et discuté joyeusement. Avant de me dire au
revoir, il m'a dit: «Jimmy, j'ai toujours trouvé cela un peu triste pour
toi, car tes amis ont avoué alors que toi, tu as eu cet incident sur la
conscience pendant toutes ces années. Je te remercie sincèrement
d'avoir téléphoné... par égard pour toi-même.»

Jimmy m'a incitée à mettre de l'ordre dans ma vie et à corriger les 101 actions que j'avais sur ma liste. Il m'a fallu deux ans pour le faire, mais cette expérience a été un tremplin et une véritable inspiration pour ma carrière de médiatrice. Quel que soit le degré de difficulté d'un conflit ou d'une situation de crise, je me rappelle toujours qu'il n'est jamais trop tard pour mettre de l'ordre dans sa vie passée et faire la paix.

Marilyn Manning

5

LA MORT ET
LES MOURANTS

Le plus bel ange

Au cours des vingt dernières années, j'ai parlé devant toutes sortes d'auditoires sous les traits de Benjamin Franklin.

Une journée, après une réunion dans une école élémentaire, je visitais une classe d'élèves âgés de onze ans pour répondre à leurs questions. L'un d'eux leva la main et dit: «Je croyais que vous étiez mort.» Ce n'était pas une question inhabituelle et j'y répondis par ces mots: «Je suis mort le 17 avril 1790, j'avais alors 84 ans, mais je n'ai pas tellement aimé cela et je ne le referai plus jamais.»

Je sollicitai immédiatement d'autres questions et désignai un garçon qui levait la main au fond de la salle. Il demanda: *«Lorsque vous étiez au ciel, avez-vous vu ma mère?»*

Mon cœur cessa de battre. Je voulais disparaître, me fondre dans le plancher. Ma seule pensée était qu'il ne fallait pas tout gâcher. Je me rendais compte que pour qu'un garçon de onze ans pose cette question devant tous ses compagnons de classe, il fallait que l'événement ait été très récent ou que cela le préoccupât particulièrement. Je savais aussi que je devais dire quelque chose. Puis je m'entendis expliquer:

«Je ne sais pas si c'était celle que je crois, mais si c'est le cas, il s'agissait du plus bel ange qu'il y avait là-haut.»

Le sourire qui illumina son visage me dit que c'était la bonne réponse. Je ne sais pas d'où elle m'était venue, mais je crois que le plus bel ange là-haut m'avait donné un petit coup de pouce.

Ralph Archbold

Je veux qu'on m'habille en rouge

Comme je travaille à la fois dans le domaine de l'éducation et dans celui des soins de santé, j'ai connu de nombreux enfants infectés par le virus du sida. Les relations que j'ai nouées avec ces enfants différents des autres ont été autant de cadeaux dans ma vie. À ce propos, laissez-moi vous raconter l'histoire de Tyler.

Tyler était séropositif à la naissance; sa mère lui avait transmis le virus. Dès les premiers jours de sa vie, il dépendait des médicaments pour survivre. De temps à autre, il avait également besoin d'un supplément d'oxygène pour l'aider à respirer.

Tyler refusait de céder, ne serait-ce qu'un seul instant de son enfance, à cette maladie mortelle. On pouvait le voir jouer et courir dans sa cour, portant son sac à dos bourré de médicaments et traînant dans un petit chariot sa bonbonne d'oxygène. Tous ceux qui connaissaient Tyler s'émerveillaient de son bonheur d'être en vie et de l'énergie que cela lui procurait. Sa mère le taquinait souvent en lui disant qu'il courait tellement vite qu'elle devait l'habiller en rouge. Ainsi, lorsqu'elle jetait un coup d'œil par la fenêtre pour surveiller ses jeux, elle pouvait le repérer rapidement.

Toutefois, cette implacable maladie finit par rattraper Tyler, aussi énergique fût-il. Son état s'aggrava et, malheureusement, celui de sa mère aussi. Lorsqu'il devint évident que la fin de Tyler approchait, sa mère lui parla de la mort. Elle le réconforta en lui disant qu'elle allait bientôt mourir elle aussi et qu'elle le rejoindrait vite au paradis.

Quelques jours avant sa mort, Tyler me fit venir à son chevet et murmura: «Je vais peut-être mourir bientôt. Je n'ai pas peur. Mais lorsque je serai mort, je veux qu'on m'habille en rouge. Ma mère a promis de venir me rejoindre au paradis. Je serai sûrement en train de jouer lorsqu'elle arrivera, alors je veux être certain qu'elle me trouvera.»

Cindy Dee Holms

La mort

Ne viens pas pleurer sur ma tombe.
Je n'y repose pas.
Je suis toujours vivant.
Je suis le vent qui se lève.
Je suis la neige qui scintille.
Je suis le soleil qui mûrit le grain.
Je suis la pluie d'automne.
Lorsque tu t'éveilles dans le silence du matin,
Je suis le tourbillon vif et réjouissant
des oiseaux qui virevoltent dans le ciel.
Je suis les étoiles qui brillent dans la nuit.
Ne viens pas pleurer sur ma tombe.
Je n'y repose pas. Je suis toujours vivant.

Auteur inconnu

L'éternel optimiste

Nous avons eu la chance et le bonheur de mettre au monde trois fils qui, de par leur personnalité respective, nous ont chacun procuré beaucoup de joie. Nous avons affectueusement surnommé notre deuxième fils, Billy, «l'éternel optimiste». J'aimerais bien affirmer que c'est nous qui lui avons inculqué cette attitude, mais il est tout simplement né ainsi. Par exemple, il a toujours été très matinal et avait pris l'habitude, tout jeune, de venir nous rejoindre dans notre lit à 5 h du matin. Lorsqu'il se glissait sous les draps, nous le prévenions de ne pas déranger et de se rendormir. Il se couchait sur le dos et chuchotait: «Ce sera un matin magnifique; j'entends les oiseaux chanter.»

Si nous lui demandions de cesser de nous parler, il répliquait: «Je ne vous parle pas, je me parle à moi-même!»

Un jour, en maternelle, on lui demanda de dessiner un tigre. Si l'optimisme est le point fort de Billy, les arts plastiques ne le sont pas. Aussi dessina-t-il un tigre qui avait la tête croche et un œil fermé. Lorsque son enseignante lui demanda pourquoi l'œil du tigre était fermé, il répondit: «C'est parce qu'il dit "Je t'ai à l'œil, mon enfant!"»

À cinq ans, à l'occasion d'une dispute avec son frère aîné qui insistait pour traiter de chauve un homme qui figurait dans une émission télévisée, Billy rétorqua: «Il n'est pas chauve. Il est comme papa. Il est chauve seulement quand il te regarde. Quand il s'en va, il a beaucoup de cheveux!»

Ce sont ces souvenirs, et d'innombrables autres, qui menèrent à l'ultime manifestation d'optimisme de Billy. Notre cadet, Tanner, fut frappé du syndrome de Gasser un mardi. Le dimanche suivant, il mourait. Billy avait sept ans. Le lendemain des funérailles de Tanner, j'étais en train de border Billy dans son lit. J'avais l'habitude de m'allonger à ses côtés pour parler de la journée qui s'achevait. Toutefois, ce soir-là, nous restâmes couchés dans l'obscurité sans avoir grand-chose à nous dire. Puis, tout à coup, dans le noir, Billy se mit à parler.

Il dit: «Je suis triste de ce qui nous arrive, mais je suis encore plus triste pour les autres gens.» Je lui demandai de quels autres gens il parlait. Il m'expliqua: «Les gens qui n'ont pas connu Tanner. Comme nous avons été chanceux de l'avoir eu avec nous pendant 20 mois! Penses-y, plein de gens n'ont pas eu la chance de le connaître. Oui, nous sommes vraiment chanceux.»

Beth Dalton

La mort,
c'est tout simplement le corps qui se débarrasse de son enveloppe
tel le papillon qui sort de son cocon.

La mort,
c'est l'acquisition d'un état de conscience supérieur
où vous continuez à percevoir, à comprendre, à rire, à grandir.

La seule chose que vous perdez
en est une dont vous n'avez plus besoin:
votre corps.
C'est comme enlever son manteau d'hiver à l'arrivée du printemps.

Elisabeth Kubler-Ross

6

UNE QUESTION
D'ATTITUDE

Les jumeaux

L'optimiste voit le beigne, tandis que le pessimiste voit le trou.

McLandburgh Wilson

Voici une histoire concernant deux jumeaux identiques. L'un était un éternel optimiste. «Tout marche comme sur des roulettes», avait-il l'habitude de dire. Son frère jumeau, lui, était un pessimiste triste et sans espoir. Inquiets, les parents des jumeaux consultèrent un psychologue.

Le psychologue proposa aux parents un plan d'action destiné à équilibrer la personnalité des jumeaux. «Le jour de leur anniversaire, emmenez-les dans des pièces séparées lorsqu'ils ouvriront leurs présents. Donnez au pessimiste les plus beaux jouets que vous pouvez vous permettre et donnez à l'optimiste une boîte de fumier.» Les parents suivirent le conseil du psychologue et observèrent attentivement les résultats.

Lorsqu'ils s'approchèrent de la pièce où le jumeau pessimiste avait déballé ses présents, ils l'entendirent clairement se plaindre: «Je n'aime pas la couleur de cet ordinateur... Je parie que cette calculatrice ne fonctionnera pas longtemps... Je n'aime pas ce jeu... Je connais quelqu'un qui a une plus grosse voiture que celle-ci...»

Puis, les parents traversèrent sans bruit le couloir et espionnèrent le jumeau optimiste qui se trouvait dans l'autre pièce. Il jetait gaiement du fumier dans les airs. Il riait. «J'ai deviné! Derrière tout ce fumier doit sûrement se trouver un poney!»

Source inconnue
Histoire tirée de More Sower's Seeds
de Brian Cavanaugh

La bonne nouvelle

Un jour, Roberto De Vincenzo, le célèbre golfeur argentin, remporta un tournoi. Après avoir empoché son prix et souri aux caméras, il retourna au pavillon et se prépara à partir. Quelques minutes plus tard, tandis qu'il se dirigeait vers sa voiture garée dans le stationnement, une jeune femme s'approcha de lui. Elle le félicita de sa victoire, puis elle lui raconta que son enfant gravement malade allait mourir bientôt et qu'elle n'avait pas les moyens de payer le médecin et l'hôpital.

Son histoire émut De Vincenzo. Il prit un stylo et endossa pour elle le chèque qu'il venait de gagner au tournoi. «Cet argent vous aidera à prendre soin de votre bébé», dit-il en remettant le chèque à la femme.

La semaine suivante, lors d'un repas dans un club champêtre, un dirigeant de l'Association professionnelle de golf vint à la table de De Vincenzo. «Après le tournoi de la semaine dernière, des gars vous ont aperçu dans le stationnement en compagnie d'une jeune femme.» De Vincenzo acquiesça. «Eh bien! je vais vous en apprendre une bonne», ajouta le dirigeant. «Cette femme est un escroc. Elle n'a pas de bébé malade. Elle n'est même pas mariée. Elle vous a bien eu, mon ami.»

«Vous voulez dire qu'il n'y a pas de bébé mourant?», demanda De Vincenzo.

«C'est exact», confirma le dirigeant.

«C'est la meilleure nouvelle de la semaine», conclut De Vincenzo.

The Best of Bits & Pieces

Valeureux dans le désastre

Si ta maison est en flammes, réchauffe-toi près du brasier.

Proverbe espagnol

En décembre 1914, le laboratoire de Thomas Edison fut pratiquement détruit par un incendie. Les dommages s'élevaient à plus de deux millions de dollars, mais la police d'assurance garantissait seulement 238 000 $, car les bâtiments étaient en béton et, en théorie, ignifuges. Une grande partie du travail de toute une vie s'envola en fumée ce jour-là.

Au plus fort de l'incendie, le fils de 24 ans d'Edison, Charles, chercha frénétiquement son père parmi les débris et la fumée. Il finit par le trouver, observant calmement la scène, son visage illuminé par les flammes, ses cheveux blancs flottant au vent.

«J'eus mal de le voir ainsi», raconta Charles plus tard. «Il avait 67 ans — un âge respectable — et voyait tout son travail disparaître. Lorsqu'il me vit, il cria: "Charles, où est ta mère?". Je lui répondis que je ne le savais pas. Il me dit alors: "Trouve-la et amène-la ici. Elle ne verra jamais plus une chose pareille."»

Le lendemain matin, Edison regarda les décombres et dit: «Le désastre apporte une chose précieuse. Toutes nos erreurs sont effacées. Je remercie Dieu de pouvoir recommencer à zéro.»

Trois semaines après l'incendie, Edison réussit à présenter au monde sa nouvelle invention: le phonographe.

Histoire tirée de The Sower's Seeds
de Brian Cavanaugh

Lorsqu'on est seul, on peut toujours danser

Le bateau de croisière était bondé de gens venus passer trois jours de vacances. Devant moi marchait une vieille dame frêle et voûtée, vêtue d'un pantalon brun, les cheveux blancs coiffés à la garçonne.

L'interphone du bateau fit alors entendre un air connu, «Begin the Beguine», et une chose merveilleuse se produisit. La dame, ignorant que je me trouvais derrière elle, esquissa un pas de danse rapide et gracieux — un pas vers l'arrière, l'autre pied effectuant une traînée avant de glisser de nouveau vers l'avant. Lorsqu'elle arriva devant la porte de la salle à manger, elle retrouva sa dignité et entra d'un pas sobre.

Beaucoup de jeunes croient que les gens de mon âge ont fini d'aimer, de danser ou de rêver. Ils nous voient tels que l'âge nous a rendus, c'est-à-dire camouflés derrière les rides, les kilos superflus et les cheveux gris. Ils ne voient pas les personnes qui vivent en nous. Pour eux, nous sommes de vieilles bonnes femmes dignes et de vieux bonhommes sages.

Personne ne se douterait que je suis toujours la fille maigrelette qui a grandi dans une banlieue verdoyante de Boston. Je me vois encore comme la benjamine d'une famille enjouée dirigée par une mère très belle et un père doté d'un moral à toute épreuve. Je suis encore l'adolescente romantique qui se languissait de connaître l'amour, la jeune adulte qui aspirait à la respectabilité sociale. Mais à qui pourrais-je dire tout cela?

Nous sommes tous comme cette dame que j'ai vue sur le bateau et en qui la musique trouve encore un écho. En nous se trouve la somme de toutes les vies que nous avons vécues. Notre corps montre notre côté adulte, mais il est toujours habité par l'enfance rieuse, par l'adolescence timide, par la jeunesse rêveuse. Il abrite la matrice très réelle de tout ce que nous avons été ou désiré être. La musique nous fait encore vibrer.

Et lorsque nous sommes seuls, nous dansons.

Beth Ashley

Erreur sur la personne

Un jour, une dame devait attendre dans une aérogare,
Car son vol avait quelques heures de retard.
Elle alla dans une boutique pour se trouver un livre,
Acheta un sac de biscuits, puis s'assit pour lire.

Bien qu'absorbée dans sa lecture, elle s'aperçut
Que l'homme à côté d'elle, effronté s'il en fut,
Prit un ou deux biscuits dans le sac posé entre eux.
Elle fit mine de ne rien voir pour éviter un esclandre fâcheux.

Elle lisait, mangeait des biscuits et surveillait le départ des avions,
Tandis que le «voleur de biscuits» se goinfrait à même ses provisions.
De plus en plus agacée à mesure que le temps passait,
Elle songea: «Si je n'étais pas si aimable, je le giflerais.»

Chaque fois qu'elle prenait un biscuit, l'homme sans gêne se servait.
Lorsqu'il n'en resta qu'un seul, elle se demanda comment il réagirait.
L'air content, il eut un petit rire nerveux,
Puis il prit le dernier biscuit et le cassa en deux.

L'homme lui offrit une moitié et mangea sa part.
Lui arrachant des mains, elle se dit: «Je n'en reviens pas,
Cet homme a du culot et ne pourrait pas être plus *impoli*.
Vraiment, il ne me dit même pas merci!»

Elle ne se rappelait pas avoir été aussi exaspérée.
Aussi soupira-t-elle, soulagée, lorsque son vol fut annoncé.
Rassemblant ses affaires, elle partit prendre son avion,
Sans même regarder l'ingrat voleur de provisions.

Une fois à bord et confortablement installée,
Elle chercha son livre qu'elle avait presque terminé.

En fouillant dans son sac, elle resta bouche bée,
Ses biscuits étaient là, sous ses yeux étonnés.

«Si mes biscuits sont ici», pensa-t-elle, désespérée,
«Alors les autres étaient les siens, qu'il a bien voulu partager!»
Trop tard pour s'excuser, elle se rendit compte, malheureuse,
Que c'était elle l'impolie, l'ingrate, la voleuse!

Valerie Cox

Pourquoi se décourager?

Un jour, en rentrant du travail, je me suis arrêté au parc, tout près de chez moi, pour regarder un match de baseball où s'affrontaient les jeunes joueurs d'une ligue locale. En m'assoyant sur le banc près du premier but, je me suis informé du score auprès de l'un des garçons.

«On perd 14 à zéro», me répond-il avec un sourire.

«Ah bon! Pourtant, vous ne semblez pas découragés», lui dis-je.

«Découragés? fait-il d'un air surpris. Pourquoi? On n'est pas encore allés au bâton.»

Jack Canfield

Madame, êtes-vous riche?

Les deux enfants, vêtus de manteaux élimés trop petits, s'entassèrent dans le vestibule.

«Avez-vous de vieux journaux, madame?» J'étais occupée. Je voulais leur dire non, mais je vis leurs pieds: deux paires de sandales trop minces trempées de neige fondue. «Entrez. Je vais vous faire un chocolat chaud.» La conversation se termina là. Leurs sandales mouillées laissèrent des traces sur le plancher du salon. Je leur servis du chocolat chaud et des tartines de confiture pour les fortifier, car il faisait froid dehors. Puis je retournai à la cuisine et continuai à calculer mon budget... Le silence qui régnait dans le salon me surprit. J'allai jeter un coup d'œil.

La fillette regardait la tasse vide qu'elle tenait entre ses doigts. D'une voix terne, le garçon demanda: «Madame... êtes-vous riche?»

«Si je suis riche? Seigneur! Non!» Je regardai les housses usées qui recouvraient les fauteuils. La fillette déposa sa tasse dans la soucoupe, tout doucement. «Vos tasses sont assorties à vos soucoupes.» Sa voix faisait vieux et exprimait une faim qui n'était pas celle de l'estomac.

Ils repartirent alors, tenant leurs liasses de journaux et marchant contre le vent. Ils ne me dirent pas merci. Cependant, ce n'était pas nécessaire, car ils avaient fait beaucoup pour moi. Mes tasses et mes soucoupes en poterie bleue étaient bien ordinaires, mais elles étaient assorties. J'allai piquer les pommes de terre pour voir si elles étaient prêtes et je remuai la sauce. Des pommes de terre en sauce, un toit, un mari qui a un bon emploi stable. Ces choses aussi sont bien assorties.

Je replaçai les fauteuils un peu plus loin du foyer et rangeai le salon. Les empreintes boueuses de leurs petites sandales étaient encore fraîches dans mon cœur. Je les y laissai. Je veux qu'elles restent là, au cas où j'oublierais encore à quel point je suis riche.

Marion Doolan

Les retrouvailles

C'est étonnant comme un simple appel téléphonique peut chambarder une vie. L'appel venait d'un ancien camarade d'école secondaire; il m'invitait à une soirée qui allait réunir les élèves de la classe dans laquelle j'étais il y a 20 ans.

Se pouvait-il que 20 ans déjà se furent écoulés, songeai-je en frémissant. Pendant que des frissons me parcouraient l'échine, des gouttelettes de sueur perlaient sur mon front. Qu'avais-je fait de ma vie au cours des 20 dernières années? Ma mère m'avait bien dit qu'un jour cette grande question m'assaillerait. Mais à l'époque, j'avais tourné la chose en plaisanterie, de la même façon que je ridiculisais les horribles bigoudis de plastique rose qu'elle se mettait sur la tête. (J'en ai acheté des semblables dans un bazar pas plus tard que la semaine dernière!)

Étais-je déjà arrivée à l'automne de ma vie?

Je jetai un coup d'œil dans le miroir. J'examinai les minuscules rides de mon visage, les moindres pores, depuis mon front jusqu'à la base de mon cou, en passant par ces fins sillons qu'on appelle euphémiquement «pattes-d'oie». Pas encore de double menton, pensai-je.

Les semaines qui suivirent tinrent de l'enfer absolu. Chaque matin débutait par un entraînement éreintant: dès 6 h 30, j'allais courir dans le vain espoir de faire fondre ce vilain surplus qui s'était accumulé sur mes cuisses et que je venais, du jour au lendemain, de remarquer. Je fis également le tour des magasins pour trouver «la» robe (vous savez bien, celle qui vous fait paraître 20 ans plus jeune). Trois essayages plus tard, je retrouvai la raison. Une seule chose pouvait expliquer ma réaction: je traversais la crise de la quarantaine.

Je pris alors conscience que c'étaient mes genoux qui produisaient ce drôle de craquement lorsque je montais l'escalier. Je pensai même sérieusement à ajouter dans mon curriculum vitae une chose qui, tout compte fait, me paraissait être un accomplissement par rapport au reste de ma vie:

l'apprentissage de la propreté à l'âge de deux ans. Les céréales de son fai-saient maintenant partie de ma vie quotidienne — et ce n'était aucunement par goût. J'organisais des soirées de bridge dans le seul but de compter les amis qu'il me restait.

La vie n'avait tout simplement pas tourné comme je le prévoyais. Bien sûr, j'étais heureuse. J'avais au cœur de ma vie un époux merveilleux et deux enfants magnifiques. Mais, quelque part, mon travail de secrétaire à temps partiel et mon rôle de mère ne correspondaient guère à l'image de cette femme que mes camarades de classe avaient à l'époque nommée «élève la plus prometteuse». Venais-je de gaspiller 20 ans de ma vie?

À l'instant même où j'allais jeter l'éponge ainsi que l'invitation, mon enfant de sept ans me tapota l'épaule: «Je t'aime, maman. Donne-moi un bisou.» Vous savez, en fin de compte, c'est avec bonheur que j'entrevois les 20 prochaines années.

Lynne C. Gaul

7

VAINCRE
LES OBSTACLES

Le pont des miracles

Le pont Brooklyn qui enjambe la rivière séparant Manhattan de Brooklyn est un pur miracle d'ingénierie. C'est un ingénieur très créatif du nom de John Roebling qui, en 1883, eut l'idée de bâtir cet ouvrage spectaculaire. Les spécialistes en construction de ponts, toutefois, lui conseillaient d'oublier son projet qu'ils jugeaient irréalisable. Roebling persuada alors son fils Washington, un ingénieur plein d'avenir, de la faisabilité de son pont. Le père et le fils en conçurent donc les plans et trouvèrent des solutions aux obstacles. Ils réussirent même, on ne sait trop comment, à convaincre les banquiers de financer le projet. Puis, avec un enthousiasme et une énergie sans borne, ils embauchèrent leur équipe et commencèrent à construire le pont de leurs rêves.

Le projet était en cours depuis quelques mois seulement lorsqu'un accident tragique survint sur le chantier, tuant John Roebling et blessant gravement son fils. Washington s'en sortit avec des lésions cérébrales importantes qui l'empêchaient de parler et de marcher. Tout le monde pensa que le projet tomberait à l'eau, puisque les Roebling étaient les seuls à pouvoir comprendre les plans du pont.

Si Washington Roebling était incapable de se déplacer et de parler, son esprit était clair comme jamais. Un jour, de son lit d'hôpital, il trouva un moyen avec lequel il pourrait communiquer. Comme il ne pouvait bouger qu'un seul doigt, il toucha le bras de sa femme avec ce doigt. Il lui fit comprendre son code de communication afin qu'elle puisse expliquer aux ingénieurs du projet comment poursuivre la construction du pont. Pendant 13 ans, avec un seul doigt, Washington communiqua ainsi ses instructions, jusqu'à ce que le pont Brooklyn, ce splendide ouvrage, fût complètement terminé.

Histoire tirée de A Fresh Packet of Sower's Seeds
de Brian Cavanaugh

Du cœur au ventre

Ma petite fille de 10 ans, Sarah, est un exemple de cœur au ventre. À sa naissance, il lui manquait un muscle dans le pied. Elle porte en permanence un appareil orthopédique. Un jour, sous le soleil magnifique du printemps, elle revint de l'école en m'annonçant qu'elle venait de participer aux olympiades de l'école où s'étaient tenues toutes sortes de courses et de compétitions sportives.

Convaincu que son appareil orthopédique avait été un obstacle, j'essayai de trouver rapidement des mots d'encouragement, des mots susceptibles de lui remonter le moral, bref, le genre de discours que tiennent les entraîneurs aux joueurs qui viennent de perdre. Toutefois, Sarah s'exclama sans me laisser le temps d'ouvrir la bouche: «Papa, j'ai gagné deux courses!»

Je n'en croyais pas mes oreilles! C'est alors que Sarah ajouta: «Il faut dire que j'avais un avantage.»

Ah! c'était donc ça; on lui avait probablement permis de partir avant les autres, pensai-je, ou... Mais, de nouveau, Sarah me devança et dit: «Papa, ils ne m'ont pas permis de partir avant les autres. Mon seul avantage, c'est qu'il fallait que je fasse plus d'efforts que les autres!»

S'il y a une personne qui a du cœur au ventre, c'est bien ma fille Sarah.

Stan Frager

Matière à réflexion

*   Woody Allen, auteur, producteur et metteur en scène ayant obtenu plusieurs Oscars, a échoué en production cinématographique à l'Université de New York et au City College de New York. Il a aussi échoué en anglais à l'Université de New York.

*   Léon Tolstoï, auteur de *Guerre et paix*, n'a jamais terminé ses études. On disait de lui qu'il était «à la fois peu capable et peu désireux d'apprendre».

*   Quand il était jeune, l'étoile de basketball Michael Jordan fut retranché de l'équipe de basketball de son école.

*   En 1944, Emmeline Snively, directrice de la Blue Book Modeling Agency, a dit à une jeune fille qui aspirait à devenir mannequin, Norma Jean Baker (Marilyn Monroe): «Allez plutôt étudier le secrétariat, ou alors mariez-vous.»

*   Charles Darwin, père de la théorie de l'évolution des espèces, a délaissé ses études médicales et s'est fait dire par son père: «Rien ne t'intéresse sauf faire la chasse, attraper des rats et des chiens.» Darwin écrit: «Tous mes maîtres ainsi que mon père me considéraient comme un garçon très ordinaire, d'une intelligence au-dessous de la moyenne.»

*   Liv Ullman, deux fois mise en nomination pour l'Oscar décerné à la meilleure actrice, a raté une audition à l'école nationale de théâtre de la Norvège. Les juges lui ont dit qu'elle n'avait aucun talent.

*   Walt Disney a été congédié par le directeur d'un journal qui lui reprochait de manquer d'idées. Il a aussi fait faillite plusieurs fois avant de construire Disneyland.

*   En 1962, quatre jeunes musiciens passaient leur première audition pour un enregistrement devant les patrons de la Decca Recording Company. Ceux-ci ne furent pas impressionnés et l'un d'eux dit, pour justifier leur refus de ce groupe appelé les Beatles: «Nous n'aimons pas leur musique. Les groupes de guitaristes sont passés de mode.»

*   Albert Einstein n'a commencé à parler qu'à l'âge de quatre ans et à lire qu'à sept ans. Ses professeurs le décrivaient comme un enfant «lent d'esprit, asocial et toujours absorbé dans de ridicules rêveries.» En 1895, il a échoué l'examen d'entrée à l'École polytechnique de Zurich.

*   En 1954, Jimmy Denny, responsable du Grand Ole Opry, a congédié Elvis Presley après une seule représentation, avec le commentaire suivant: «T'as aucune chance, mon gars. Retourne donc conduire un camion.»

*   Le père de Rodin avait l'habitude de dire: «Mon fils est un idiot.» Rodin fut refusé par trois fois à l'école des Beaux-Arts. Son oncle le disait inéducable.

*   Lorsque Alexander Graham Bell a inventé le téléphone en 1876, la sonnerie n'a pas retenti sans interruption d'appels provenant d'éventuels bailleurs de fonds. Après avoir assisté à la démonstration d'une communication téléphonique, le président Rutherford Hayes a lancé: «C'est une invention étonnante, mais qui donc pourrait avoir envie de s'en servir?»

* Winston Churchill redoubla sa dernière année du primaire. Il ne devint Premier ministre de la Grande-Bretagne qu'à l'âge de 62 ans, soit à la fin d'une longue carrière parsemée de revers. Il lui a donc fallu attendre «le troisième âge» avant d'entrer dans l'Histoire.

* Lorsque Thomas Edison a inventé l'ampoule électrique, il a procédé à plus de 2 000 essais avant d'arriver à ses fins. À un jeune journaliste qui lui demandait comment il se sentait d'avoir échoué aussi souvent, il a répondu: «Je n'ai jamais échoué. J'ai inventé l'ampoule électrique, et ce fut tout simplement un processus en 2 000 étapes.»

* Dix-huit éditeurs ont refusé le manuscrit de 100 000 mots de Richard Bach avant que Macmillan n'accepte, en 1970, de publier «son histoire de goéland», *Jonathan Livingston le goéland*. En 1975, il y avait sept millions d'exemplaires vendus aux États-Unis seulement.

* Lorsque Pablo Casals a eu 95 ans, un jeune journaliste lui a demandé: «M. Casals, vous êtes le plus grand violoncelliste de tous les temps. Pourquoi vous exercez-vous encore six heures par jour?» Et Pablo Casals de répondre: «Parce que j'ai l'impression que je fais des progrès.»

* Après une perte d'ouïe progressive au cours des années, le compositeur allemand Ludwig van Beethoven est devenu complètement sourd à l'âge de 46 ans. C'est pourtant dans les dernières années de sa vie qu'il a composé sa plus belle musique, dont cinq symphonies.

* Richard Hooker travailla sept ans à son roman humoristique intitulé M.A.S.H., et son livre fut refusé par 17 éditeurs avant que Morrow ne décide de le publier. C'est devenu un immense best-seller, un film à grand succès et une émission de télévision très populaire.

* Franklin D. Roosevelt a été atteint de poliomyélite à l'âge de 39 ans, ce qui ne l'a pas empêché de devenir l'un des chefs politiques les plus aimés et les plus influents. On l'a élu quatre fois président des États-Unis.

Jack Canfield et Mark V. Hansen

La liberté de choisir

Nous qui avons vécu dans les camps de concentration gardons un souvenir ému de ces hommes qui allaient et venaient dans les baraques, réconfortant les autres, donnant leurs derniers morceaux de pain. Ils étaient peu nombreux mais ils suffisent à faire la preuve qu'un homme peut être privé de tout sauf d'une chose: la dernière de ses libertés — la liberté de choisir sa propre attitude quelles que soient les circonstances, la liberté de choisir sa propre voie.

Viktor E. Frankl
L'homme en quête d'une raison d'être

Jamais nous ne lui avions dit

Ils en sont capables parce qu'ils croient en être capables.

Virgile

À sa naissance, mon fils Joey avait les pieds tordus vers le haut. Les médecins affirmèrent que les traitements lui permettraient de marcher normalement, mais qu'il ne pourrait probablement jamais courir très bien. Les trois premières années de Joey furent une succession d'interventions chirurgicales, de plâtres et d'appareils orthopédiques. Après sept ou huit années de massages et d'exercices, il est vrai qu'on ne pouvait pas deviner, à le voir marcher, qu'il avait eu un problème.

Les enfants du voisinage couraient comme le font tous les enfants en s'amusant. Joey les observait et, bien entendu, il allait les rejoindre en courant. Jamais nous ne lui avions dit qu'il ne serait probablement pas capable de courir aussi bien que les autres enfants, qu'il était différent. Et comme nous ne lui avions pas dit, il ne le savait pas.

En commençant son cours secondaire, il décida de s'inscrire dans l'équipe de cross-country. Il s'entraîna quotidiennement avec l'équipe. On aurait dit que c'était lui qui s'exerçait et courait le plus. Peut-être sentait-il que les habiletés qui semblaient si naturelles chez les autres ne l'étaient pas pour lui. Dans son équipe de cross-country, même si tous les membres de l'équipe couraient, seuls les sept plus rapides avaient le potentiel de marquer des points pour l'école. Nous ne lui avions pas dit qu'il ne ferait probablement pas partie de l'équipe, alors il ne le savait pas.

Il continua donc de courir 6 ou 7 kilomètres par jour, tous les jours. Je n'oublierai jamais la fois où il faisait quarante de fièvre. Je me fis du souci pour lui toute la journée et je décidai donc de me rendre à l'endroit où s'entraînait l'équipe de cross-country. Une fois rendue à l'école, je l'aperçus qui courait, tout seul. Je me rangeai sur le côté en ralentissant de façon à rouler à la même vitesse qu'il courait. Je lui demandai comment il se sentait. «Ça va», répondit-il. Il lui restait quatre kilomètres à parcourir. Son visage était mouillé de sueur et ses yeux vitreux indiquaient qu'il faisait encore de la fièvre. Il regardait toutefois droit devant lui et courait. Jamais nous ne lui avions dit de ne pas courir six kilomètres quand il était brûlant de fièvre. Et comme nous ne lui avions jamais dit, il ne le savait pas.

Deux semaines plus tard, la veille de l'avant-dernière course de la saison, on dévoila les noms des coureurs de l'équipe. Le nom de Joey figurait au sixième rang sur la liste. Il avait été choisi. Il était le seul coureur âgé de treize ans; tous les autres étaient plus vieux. Jamais nous ne lui avions dit qu'il ne ferait probablement pas partie de l'équipe. Jamais nous ne lui avions dit qu'il en serait incapable. Par conséquent, il ne le savait pas. C'est pourquoi il a réussi, tout simplement.

Kathy Lamancusa

La douleur passe, la beauté reste

Même si Matisse avait presque 28 ans de moins que Renoir, ces deux peintres célèbres étaient de proches amis qui se fréquentaient assidûment. Lorsque Renoir se trouva confiné chez lui pendant les dix dernières années de sa vie, à cause de ses problèmes de santé, Matisse allait lui rendre visite chaque jour. Renoir, que l'arthrite avait presque paralysé, s'acharnait à peindre malgré ses infirmités. Un jour que Matisse le regardait travailler dans son studio, luttant contre la douleur à chaque coup de pinceau, il ne put s'empêcher de lui demander : *«Auguste, pourquoi t'obstines-tu à peindre alors que tu souffres le martyre?»* Renoir se borna à répondre : *«La douleur passe, la beauté reste.»* Et c'est ainsi que Renoir continua, presque jusqu'à son dernier souffle, de peindre. Une de ses toiles les plus célèbres, *Les Baigneuses*, fut terminée à peine deux ans avant sa mort, quatorze ans après l'apparition de cette maladie invalidante.

The Best of Bits & Pieces

La quête passionnée du possible

Il faut chérir ses visions et ses rêves, car ils sont les enfants de l'âme, les plans de vos ultimes réalisations.

Napoleon Hill

Il y a plusieurs années, en découvrant un ancien tombeau égyptien, un archéologue trouva des semences cachées dans un morceau de bois. Une fois plantées, ces graines pourtant vieilles de plus de 3000 ans laissèrent sortir le potentiel qu'elles portaient! La condition de l'être humain est-elle à ce point décourageante et négative qu'elle le destine — quel que soit son potentiel — à vivre une existence d'échecs et de désespoir silencieux? Où y a-t-il également en chacun de nous la vie en devenir, un désir de se réaliser si intense que même l'adversité ne peut empêcher de germer? À ce propos, laissez-moi vous raconter l'histoire suivante, qui apparut sur le fil de presse de l'Associated Press le 23 mai 1984.

Enfant, Mary Groda n'apprit ni à lire ni à écrire. Les spécialistes l'étiquetèrent «retardée». À l'adolescence, on ajouta à ce premier qualificatif celui d'«incorrigible» et on condamna Mary à passer deux ans dans une maison de correction. Ironiquement, c'est à cet endroit coupé du monde extérieur que Mary — se pliant aux exigences de l'apprentissage — se mit à la tâche et étudia jusqu'à 16 heures par jour. Son travail acharné porta fruit: elle obtint son diplôme d'études secondaires.

Toutefois, le malheur n'en avait pas terminé avec Mary Groda. Après avoir quitté la maison de correction, elle tomba enceinte sans jouir des avantages du mariage. Deux ans plus tard, un deuxième accouchement se solda par un accident vasculaire cérébral qui effaça d'un seul coup les habiletés de lecture et d'écriture qu'elle avait durement acquises. Avec l'aide et le soutien de son père, Mary se retroussa les manches et récupéra ses apprentissages perdus.

Aux prises avec des difficultés financières, Mary devint bénéficiaire de l'aide sociale. Pour réussir à joindre les deux bouts, elle décida de prendre en charge sept enfants en famille d'accueil. C'est au cours de cette période qu'elle s'inscrivit au collège. Une fois ses études collégiales terminées, elle fut admise à l'école de médecine Albany, dans l'Oregon, et y étudia pour devenir médecin.

Au printemps 1984, Mary Groda Lewis — maintenant mariée — revêtit la toge pour recevoir son diplôme. Nul ne sait ce qui traversa l'esprit de Mary lorsqu'elle tendit la main pour recevoir le témoignage éloquent de sa persévérance et de sa foi en ses capacités. Son diplôme disait au monde entier: voilà quelqu'un qui a osé rêver de l'impossible et qui nous confirme à tous la nature divine de l'être humain. Voici Mary Groda Lewis, M.D.

James E. Conner

Juste un petit grain de foi

Il existe un roman anglais du dix-neuvième siècle dont l'action se situe dans une petite ville galloise où chaque année, depuis plus de 500 ans, les gens se rendent à l'église la veille de Noël pour se réunir et pour prier. Peu avant minuit, chantant des hymnes et des cantiques, ils allument leurs lanternes et marchent quelques kilomètres sur un sentier de campagne au bout duquel se trouve une vieille église abandonnée. Là, ils montent une scène représentant la crèche de la Nativité. Puis, avec une ferveur toute simple, ils s'agenouillent pour prier. Leurs hymnes réchauffent l'air froid de décembre. Tous ceux qui peuvent encore marcher sont là.

Dans cette ville, il existe une légende, une croyance selon laquelle si tous les citoyens sont présents la veille de Noël, et s'ils prient tous avec une foi parfaite, alors et alors seulement, sur le coup de minuit, le second avènement sera tout proche. Et depuis 500 ans, ils viennent prier dans cette ruine de pierres. Pourtant, le second avènement n'a pas eu lieu.

À l'un des personnages principaux du roman on demanda: «Croyez-vous qu'Il va revenir dans notre ville la veille de Noël?»

«Non, répond-il en hochant tristement la tête. Non, je n'y crois pas.»

«Alors pourquoi y allez-vous chaque année?»

«Ah, dit-il en souriant, et si j'étais le seul absent le jour où Il reviendra?»

C'est une foi bien mince que celle-là, n'est-ce pas? Mais c'est quand même de la foi. Et comme il est dit dans le Nouveau Testament, nous n'avons besoin que d'une foi grosse comme le grain d'une semence de moutarde pour entrer au Royaume des Cieux. Parfois, quand on travaille avec des enfants traumatisés, des jeunes délinquants, des adolescents troublés, des parents, maris, femmes, amis ou clients alcooliques, violents, dépressifs ou suicidaires... nous avons besoin de ce même petit grain de foi qui poussait cet homme à revenir chaque année dans cette cabane en ruine. Encore une fois. Une dernière fois. Juste au cas où ce serait la bonne.

Nous sommes parfois appelés à travailler avec des gens en qui plus personne ne croit. Nous-mêmes, parfois, en venons à la conclusion qu'il n'y a plus pour eux aucune possibilité de changer ou de grandir. C'est à ce moment-là qu'il nous est donné, pourvu qu'il nous reste ne serait-ce qu'une parcelle de foi, de prendre un tournant, de faire un grand pas en avant, de sauver quelqu'un qui mérite d'être sauvé. S'il te plaît, mon ami, reviens encore une fois, une dernière fois.

Hanoch McCarty, Ed.D.

L'effort engendre le mérite

Ce n'est pas le critique qui est digne d'estime, ni celui qui montre sur quoi l'homme fort a trébuché ou comment l'homme d'action aurait pu faire mieux. Tout le mérite appartient à l'homme qui descend vraiment dans l'arène, dont le visage est couvert de sueur, de poussière et de sang, qui se bat vaillamment, qui erre parfois et commet maintes et maintes fautes, car il n'y a pas d'effort sans erreurs, qui est capable d'une grande dévotion, qui se consacre à une cause noble, qui au mieux connaîtra à la fin la joie suprême de triompher et qui, au pire, s'il échoue après avoir tout essayé, saura que sa place n'a jamais été parmi les âmes froides et timorées qui ne connaissent ni la victoire ni l'échec.

Theodore Roosevelt

8

VIVRE SES RÊVES

Le prix de la paix

Un jour, un vieil homme plein de sagesse prit sa retraite et acheta une maison modeste située près d'une école secondaire. Il y vécut tranquille et satisfait pendant plusieurs semaines... jusqu'au moment de la rentrée scolaire. Le lendemain même de la rentrée, après l'école, trois jeunes garçons enjoués et exaltés descendirent la rue en frappant joyeusement sur toutes les poubelles qu'ils rencontraient. Ce tapage assourdissant se répéta jour après jour, jusqu'à ce que le vieil homme décide de faire enfin quelque chose.

Un après-midi, il sortit dans la rue et alla à la rencontre des jeunes percussionnistes qui revenaient bruyamment de l'école. Il les aborda: «Vous êtes pleins de vie, vous, les jeunes. J'aime bien vous voir exprimer ainsi votre exubérante jeunesse. Je faisais la même chose à votre âge. Me feriez-vous une faveur? Je vais vous donner à chacun un dollar si vous me promettez de passer chaque jour ici en faisant votre tam-tam.»

Fous de joie, les enfants continuèrent leur tapage. Quelques jours plus tard, le vieux renard alla de nouveau voir les jeunes. Cette fois, cependant, il arborait un sourire un peu triste. «Avec la récession, mon revenu en prend un coup», leur dit-il. «Dorénavant, je ne pourrai vous donner que 50 cents pour votre tam-tam.» Les enfants se montrèrent très déçus, mais ils acceptèrent son offre et continuèrent leur chahut.

Quelques jours plus tard, le vieux malin retourna voir les jeunes tapageurs qui passaient devant sa maison. «Écoutez, je n'ai pas encore reçu mon chèque de l'aide sociale. Je ne pourrai pas vous donner plus que 25 cents. Ça vous ira?»

«Vingt-cinq cents seulement?, répliqua le percussionniste en chef. Si vous pensez que nous allons perdre notre temps à taper sur des poubelles pour un malheureux 25 cents, vous rêvez en couleurs! Il n'en est pas question, monsieur. Nous donnons notre démission!» Et le vieil homme retrouva la paix et la tranquillité pour le reste de ses jours.

Gentle Spaces News

Pas un seul!

Le petit Chad était un garçon tranquille et timide. Un jour, il entra dans la maison en disant à sa mère qu'il aimerait fabriquer une carte de Saint-Valentin pour chacun de ses camarades de classe. Le cœur serré, sa mère songea «J'espère qu'il ne le fera pas!», car elle avait observé les enfants lorsqu'ils revenaient de l'école. Son Chad était toujours derrière eux. Les autres enfants riaient, se bousculaient, bavardaient. Mais Chad était toujours exclu. Elle décida malgré tout d'aider son fils. Elle acheta donc du papier, de la colle et des crayons. Pendant trois semaines, soir après soir, Chad fabriqua consciencieusement ses 35 cartes de Saint-Valentin.

Le matin de la Saint-Valentin, Chad était tout excité. Il empila soigneusement ses cartes, les rangea dans un sac et sortit en coup de vent. Sa mère décida de préparer ses biscuits préférés pour qu'après l'école, elle puisse les lui servir encore tout chauds, avec un verre de lait bien froid. Elle pressentait la déception de Chad et se disait que cette attention mettrait du baume sur sa peine. À l'idée qu'il ne recevrait pas beaucoup de valentins — peut-être même aucun — elle avait mal.

Dans l'après-midi, elle plaça les biscuits et le lait sur la table. Lorsqu'elle entendit les enfants qui revenaient de l'école dans la rue, elle regarda par la fenêtre. Comme d'habitude, ils étaient là, riant et s'amusant comme des fous. Et comme d'habitude, Chad traînait derrière. Il marchait un peu plus vite qu'à l'accoutumée, cependant. Elle était certaine qu'il éclaterait en sanglots dès qu'il aurait franchi le seuil de la porte. Elle remarqua qu'il avait les mains vides. Lorsqu'il ouvrit la porte, elle contint ses larmes.

«Maman a préparé des biscuits pour toi», dit-elle.

Toutefois, Chad l'entendit à peine. Il se contenta de passer devant elle, le visage rayonnant, et de répéter: «Pas un seul! Pas un seul!»

Son cœur de maman se brisa.

Puis il ajouta: «Je n'en ai pas oublié un seul, pas un seul!»

Dale Galloway

Ça change tout pour celle-là!

Un de nos amis marchait sur une plage mexicaine déserte, au coucher du soleil. Peu à peu, il commença à distinguer la silhouette d'un autre homme dans le lointain. Quand il fut plus près, il remarqua que l'homme, un indigène du pays, ne cessait de se pencher pour ramasser quelque chose qu'il jetait aussitôt à l'eau. Maintes et maintes fois, inlassablement, il lançait des choses à tour de bras dans l'océan.

En s'approchant encore davantage, notre ami remarqua que l'homme ramassait les étoiles de mer que la marée avait rejetées sur la plage et, une par une, les relançait dans l'eau.

Notre ami était intrigué. Il aborda l'homme et lui dit: «Bonsoir, mon ami. Je me demandais ce que vous étiez en train de faire.»

«Je rejette les étoiles de mer dans l'océan. C'est la marée basse, voyez-vous, et toutes ces étoiles de mer ont échoué sur la plage. Si je ne les rejette pas à la mer, elles vont mourir du manque d'oxygène.»

«Je comprends, répliqua notre ami, mais il doit y avoir des milliers d'étoiles de mer sur cette plage. Vous ne pourrez pas toutes les sauver. Il y en a tout simplement trop. Et vous ne vous rendez pas compte que le même phénomène se produit probablement à l'instant même sur des centaines de plages tout le long de la côte? Vous ne voyez pas que vous ne pouvez rien y changer?»

L'indigène sourit, se pencha et ramassa une autre étoile de mer. En la rejetant à la mer, il répondit: *«Ça change tout pour celle-là!»*

Jack Canfield et Mark V. Hansen

Confiance et foi

Certaines des plus grandes réussites de l'histoire ont résulté d'un mot d'encouragement ou d'un acte de confiance de la part d'un être cher ou d'un ami fidèle. N'eût été de la confiance que sa femme Sophie avait en lui, il est bien possible que le nom de Nathaniel Hawthorne ne figurerait pas sur la liste des plus grands noms de la littérature. Quand Nathaniel, le coeur brisé et se reprochant d'avoir raté sa vie, rentra chez lui après avoir perdu son emploi aux bureaux de la douane, sa femme le surprit en s'exclamant de joie:

«Maintenant, dit-elle triomphalement, tu vas pouvoir écrire ton livre!»

«Oui, répondit-il sans conviction, et comment allons-nous vivre pendant que j'écris?»

À la grande surprise de Nathaniel, Sophie ouvrit un tiroir d'où elle tira une importante somme d'argent.

«Où diable as-tu trouvé cet argent?» s'exclama-t-il.

«J'ai toujours su que tu avais du génie, dit-elle. Je savais qu'un jour tu écrirais un chef-d'oeuvre. Alors, chaque semaine, je prenais un peu d'argent dans ce que tu me donnais pour l'entretien de la maison et je le mettais de côté. En voici assez pour nous faire vivre toute une année.»

De sa confiance et de sa foi est né l'un des plus grands romans de la littérature américaine: *La Lettre écarlate*.

Nido Qubein

Regardez! J'ai bougé!

Angela, une petite fille de 11 ans, était aux prises avec une maladie invalidante affectant son système nerveux. Elle était incapable de marcher, et les docteurs n'avaient pas beaucoup d'espoir de la voir guérir de cette maladie. La petite fille ne se laissait pas abattre. Là, étendue sur son lit d'hôpital, elle jurait à qui voulait l'entendre qu'un jour elle pourrait à nouveau marcher.

On la transféra dans un centre de rééducation spécialisé dans la région de San Francisco Bay. Toutes les thérapies qui pouvaient s'appliquer à son cas furent employées. Les thérapeutes furent charmés par son indomptable courage. Ils lui apprirent à *visualiser* — à se voir elle-même en train de marcher. Même si elle n'en retirait rien d'autre, cet exercice lui donnerait au moins un peu d'espoir et quelque chose de positif à faire durant ses longues heures de veille clouée au lit. Angela travaillait aussi fort que possible en physiothérapie, dans le bain tourbillon et durant les séances d'exercices.

Mais elle travaillait tout aussi fort quand elle était couchée dans son lit, se visualisant en train de bouger, bouger, bouger!

Un jour, tandis qu'elle essayait de toutes ses forces d'imaginer que ses jambes bougeaient, une sorte de miracle se produisit. Le lit bougea! Il se mit à bouger et même à se déplacer dans la pièce. «Regardez ce que je fais! cria Angela. Regardez! Regardez! Je peux le faire! *J'ai bougé! J'ai bougé!*»

Bien sûr, au même moment, tout le monde dans l'hôpital criait comme elle, et courait pour se mettre à l'abri. Les gens hurlaient, le matériel tombait par terre et les vitres éclataient. C'était le jour, voyez-vous, d'un tremblement de terre. Mais ne le dites pas à Angela. Elle est convaincue que c'est elle qui a fait ça. Et maintenant, à peine quelques années plus tard, elle est de retour à l'école. Sur ses deux jambes. Sans béquilles, sans fauteuil roulant. Voyez-vous, quiconque peut faire trembler la terre de San Francisco à Oakland peut bien vaincre une ridicule petite maladie, vous ne pensez pas?

Hanoch McCarty, Ed.D.

Risquer

Deux graines reposaient l'une à côté de l'autre dans une terre fertile au printemps.

La première graine dit: «*Je veux grandir! Je veux plonger mes racines profondément dans la terre et lancer ma tige haut dans les airs... Je veux voir mes bourgeons s'ouvrir comme des bannières annonçant l'arrivée du printemps... Je veux sentir le soleil réchauffer mon visage et la rosée matinale bénir mes pétales!*»

Et ainsi elle a grandi.

La deuxième graine dit: «*J'ai peur. Si je plonge mes racines dans la terre, je ne sais pas ce qui m'attend dans cette obscurité. Ma tige est fragile, si j'essaie de percer la croûte de terre pour m'élever dans les airs, elle risque de se briser. Et si, à peine entrouverts, des escargots venaient à manger mes bourgeons? Et si je montrais ma fleur, qui sait? Un enfant pourrait m'arra-*

cher de terre. Non, il vaut beaucoup mieux attendre pour sortir qu'il n'y ait plus aucun danger.»

Et ainsi elle a attendu.

Une poule qui passait par là, fouillant la terre printannière en quête de nourriture, trouva la graine qui attendait et vite la dévora.

MORALE DE L'HISTOIRE

*Ceux qui ne veulent pas prendre
le risque de grandir
se font avaler par la vie.*

Patty Hansen

Il est aussi le bienvenu

Un homme posta une lettre à l'adresse d'un petit hôtel du Midwest qu'il prévoyait visiter durant ses vacances. Il écrivit:

J'aimerais que mon chien puisse venir avec moi. Il est propre et sait se tenir tranquille. Permettriez-vous qu'il reste dans ma chambre la nuit?

Le propriétaire de l'hôtel lui répondit sans tarder:

Je dirige cet hôtel depuis très longtemps. Pendant toutes ces années, je n'ai jamais vu un chien voler des serviettes, des draps, de l'argenterie ou des gravures accrochées au mur. Je n'ai jamais eu à me lever en plein milieu de la nuit pour expulser un chien qui s'était soulé et faisait du grabuge. Et jamais un chien n'est parti sans payer sa note d'hôtel. Oui, bien sûr, votre chien est le bienvenu dans mon hôtel. Et si votre chien peut se porter garant de vous, vous êtes aussi le bienvenu.

Karl Albrecht et Ron Zenke, Service America

Essayez quelque chose de différent

Je suis assis dans la chambre tranquille d'un petit hôtel paisible entouré de pins. Il est midi tout juste passé, en ce jour de la fin juillet, et j'écoute les sons désespérés d'une lutte sans merci à quelques mètres de moi.

Une petite mouche gaspille les toutes dernières forces de sa courte vie à essayer vainement de passer à travers la vitre de la fenêtre. Telle une lamentation, le bruit de ses ailes en dit long sur la malheureuse stratégie de la mouche: *essayer coûte que coûte*.

Mais ça ne fonctionne pas.

Les efforts décuplés de la mouche s'avèrent futiles. Ironiquement, sa lutte l'amène à sa perte. Rien ne pourra jamais lui permettre de briser le verre, mais elle continue néanmoins de risquer sa vie à essayer d'atteindre son objectif par sa seule ardeur et sa seule détermination.

Ses efforts sont voués à l'échec. La mouche mourra sur le rebord de la fenêtre.

À quelques pas de la fenêtre, la porte est ouverte. Un vol de dix secondes et cette petite créature pourrait retrouver le monde qu'elle cherche désespérément à rejoindre. Une fraction de l'énergie qu'elle est en train de gaspiller lui permettrait de se libérer de ce piège qu'elle s'est elle-même imposé. La solution à son problème est là, juste à côté. Ce serait si facile.

Pourquoi la mouche n'essaie-t-elle pas une autre approche, quelque chose de tout à fait différent? Pourquoi s'obstine-t-elle à croire que cette tactique et son ultime détermination lui offrent les meilleures chances de réussir? Quelle logique y a-t-il à se débattre à mort pour aboutir à une stratégie manifestement vaine?

Mais la mouche est convaincue que le moyen qu'elle a choisi est le bon. Malheureusement, son obstination la tuera.

Essayer coûte que coûte ne permet pas forcément de mieux réussir. C'est une stratégie qui n'offre parfois aucune chance réelle d'obtenir ce qu'on désire dans la vie. Dans certaines occasions, en fait, elle est partie du problème et non de la solution.

Si vous misez tous vos espoirs dans des tentatives toujours plus vaines et désespérées, vous risquez d'anéantir vos chances de réussir.

Price Pritchett

Confiance illimitée

Je ne suis pas encore assez âgé pour jouer au baseball ou au football. Je n'ai pas encore huit ans. Ma mère m'a dit que quand j'aurai l'âge de jouer au baseball, je ne pourrai pas courir très vite à cause de mon opération. J'ai dit à maman que je n'aurais pas besoin de courir vite. Quand je jouerai au baseball, je me contenterai de frapper des coups de circuit, des coups à l'extérieur du terrain. Alors, je n'aurai plus qu'à marcher.

Edward J. McGrath, jr
«An Exceptional View of Life»

9

SAGESSE
ÉCLECTIQUE

Un après-midi avec Dieu

Il était une fois un petit garçon qui voulait rencontrer Dieu. Comme il savait que ce serait un long voyage pour se rendre à Sa maison, il remplit sa valise de petits gâteaux et de six bouteilles de limonade, et il se mit en route.

Trois pâtés de maisons plus loin, il vit une vieille dame. Assise dans le parc, elle fixait quelques pigeons. Le garçon s'assit près d'elle et ouvrit sa valise. Il s'apprêtait à prendre une limonade lorsqu'il remarqua l'air affamé de la vieille dame. Il lui offrit donc un gâteau. Elle accepta avec reconnaissance et lui sourit. Son sourire était si joli que le garçon voulut le voir encore. Il lui offrit donc une limonade. Elle lui sourit de nouveau. Le garçon était ravi! Ils restèrent ainsi tout l'après-midi à manger et à sourire, sans dire un seul mot.

Lorsque le soir tomba, le garçon se rendit compte qu'il était très fatigué et se leva pour partir. Cependant, au bout de quelques pas à peine, il se retourna, courut vers la vieille dame et la serra dans ses bras. Elle lui fit alors son plus beau sourire.

Peu de temps après, lorsque le garçon franchit la porte de sa maison, son regard joyeux étonna sa mère. Elle lui demanda: *«Qu'as-tu fait aujourd'hui qui te rende si heureux?»* Il répondit: *«J'ai déjeuné avec Dieu.»* Mais avant que sa mère puisse répondre, il ajouta: *«Tu sais, elle a le plus merveilleux des sourires!»*

Entretemps, la vieille dame, rayonnante de joie elle aussi, retourna chez elle. Frappé de l'expression paisible qu'elle arborait, son fils lui demanda: *«Maman, qu'as-tu fait aujourd'hui qui te rende si heureuse?»* Elle répondit: *«Au parc, j'ai mangé des gâteaux avec Dieu.»* Mais avant que son fils puisse répondre, elle ajouta: *«Tu sais, il est beaucoup plus jeune que je ne le croyais.»*

Julie A. Manhan

Les tâches de Dieu

Danny Sutton, huit ans, écrivit ceci pour son professeur d'enseignement religieux qui avait demandé à ses élèves d'expliquer Dieu :

L'une des principales tâches de Dieu est de faire les gens. Il les fait pour remplacer ceux qui meurent; comme ça, il y a toujours assez de gens pour prendre soin des choses sur terre. Il ne fait pas des grandes personnes, seulement des bébés. Je pense que c'est parce qu'ils sont plus petits et donc plus faciles à faire. En s'y prenant de cette manière, il n'a pas à leur apprendre à marcher et à parler. Il n'a qu'à les confier aux papas et aux mamans. Je crois que ça fonctionne très bien.

La deuxième tâche la plus importante de Dieu est d'écouter les prières. Cela doit lui prendre beaucoup de temps, car certaines personnes, comme les prêtres et d'autres, ne prient pas seulement avant de dormir; sans compter grand-papa et grand-maman qui prient chaque fois qu'ils mangent, sauf aux collations. À cause de cela, Dieu n'a pas le temps d'écouter la radio ou de regarder la télévision. Et comme Dieu entend tout, il doit y avoir beaucoup de bruit dans ses oreilles, à moins qu'il ait trouvé une façon de baisser le volume des prières.

Dieu voit tout, entend tout et est partout, ce qui veut dire qu'il est très occupé. Vous ne devriez donc pas gaspiller son temps en lui demandant des choses sans importance ou que vos parents vous ont déjà refusées. Ça ne fonctionne pas de toute façon.

Dan Sutton, Christ Church
St-Michael, Maryland
Histoire soumise par Vanessa Hewko

Les chaussures

Un jour, en montant dans un train, Gandhi perdit une chaussure qui tomba sur la voie ferrée. Il fut incapable de la récupérer, le train commençant à avancer. Au grand étonnement de ses compagnons de voyage, Gandhi enleva son autre chaussure et la lança près de celle qu'il venait de perdre. À un passager qui lui demanda pourquoi il avait fait cela, Gandhi répondit en souriant: *«Le pauvre homme qui trouvera ma chaussure sur la voie ferrée trouvera la deuxième juste à côté et aura donc une paire de chaussures qu'il pourra utiliser.»*

Source inconnue
Histoire parue la première fois dans
The Little, Brown Book of Anecdotes

On récolte toujours ce que l'on a semé

Lorsque je travaillais comme animateur de radio à Columbus, Ohio, j'avais l'habitude d'arrêter à l'hôpital universitaire ou à l'hôpital Grant en rentrant chez moi. Je déambulais dans les corridors et entrais dans une des chambres; je parlais aux malades ou je leur lisais les Saintes Écritures. C'était une façon d'oublier mes propres problèmes et d'être reconnaissant envers Dieu de m'avoir accordé la santé. Ces actions comptaient beaucoup dans la vie des personnes que je visitais et une fois, cela m'a littéralement sauvé la vie.

J'étais très controversé dans le milieu de la radio. J'avais offensé quelqu'un dans un de mes éditoriaux portant sur un promoteur qui invitait des artistes dans la ville, artistes qui n'étaient pas les membres originaux d'un groupe fort populaire. La personne que j'avais dénoncée avait littéralement mis ma tête à prix!

Un soir, je rentrais à la maison après avoir terminé mon travail dans un club de nuit où j'étais maître de cérémonie. Comme je me préparais à ouvrir ma porte, un homme sortit de l'ombre, sur le côté de ma maison, et me demanda: «Êtes-vous Les Brown?»

Je lui répondis: «Oui, monsieur.»

Il dit: «Je dois vous parler. On m'a payé pour vous abattre.»

«Moi? Pourquoi?», demandai-je.

Il me dit: «Bien, il y a un promoteur qui est très contrarié à cause de l'argent que vous lui avez fait perdre en disant que le groupe invité en ville n'était pas le véritable groupe.»

«Allez-vous me faire quelque chose?», demandai-je.

Il me répondit: «Non». Je ne voulais pas lui demander pourquoi parce que je ne voulais pas qu'il change d'idée! J'étais simplement soulagé!

Il poursuivit: «Ma mère était à l'hôpital Grant et elle m'avait écrit qu'un jour vous étiez venu et vous vous étiez assis avec elle pour lui parler et lui lire les Saintes Écritures. Elle fut si touchée qu'un animateur de la radio matinale, qui ne la connaissait pas, soit venu et ait fait un tel geste qu'elle me l'écrivit quand j'étais au pénitencier de l'Ohio. Cela m'avait impressionné et j'ai toujours voulu vous rencontrer. Lorsque j'ai entendu dire que quelqu'un voulait vous abattre, poursuivit-il, j'ai accepté le contrat, puis je leur ai dit de vous laisser tranquille.»

Les Brown

L'ange au chapeau rouge

Un jour que j'étais attablée dans un café situé en face de la clinique Mayo, j'avais très peur sans pouvoir l'admettre. Le lendemain, en effet, j'y serais admise pour subir une intervention chirurgicale à la colonne vertébrale. C'était une opération risquée, mais ma foi était solide. Quelques semaines auparavant, j'avais assisté aux funérailles de mon père. Il était un phare pour moi, et il était parti au paradis. «Ô Père céleste, en ce moment éprouvant, envoie-moi un ange.»

Au moment d'aller payer au comptoir, je levai la tête et vis une vieille dame qui se dirigeait très lentement vers le même endroit. J'attendis derrière elle, surprise de son allure très élégante: une robe rouge et pourpre à motif cachemire, un foulard, une broche et un ingénieux petit chapeau écarlate. «Excusez-moi, madame. Je veux seulement vous dire à quel point vous êtes belle. Ma journée s'en trouve illuminée.»

Elle prit ma main et me dit: «Ma chère enfant, que Dieu te bénisse; car vois-tu, j'ai un bras artificiel et une plaque dans l'autre, et j'ai aussi une jambe artificielle. Il me faut beaucoup de temps pour m'habiller. Je fais de mon mieux, mais on dirait qu'avec les années, les gens semblent penser que ça n'a plus d'importance. Aujourd'hui, grâce à toi, je me sens vraiment spéciale. J'espère que le Seigneur prendra soin de toi, car tu dois être un de ses petits anges.» Lorsqu'elle s'éloigna, je fus incapable de prononcer un seul mot. Ses paroles m'avaient si profondément atteinte que je sentis sur-le-champ qu'elle était l'ange que j'attendais.

Tami S. Fox

Le Secret de la vie

Lorsque Dieu créa le monde,
Il fit venir auprès de lui ses archanges.
Il leur demanda de l'aider
À décider où il allait placer le Secret de la vie.

«Enterre-le», proposa un des anges.
«Place-le au fond de la mer», dit un autre.
«Cache-le dans les montagnes», suggéra encore un autre.

Mais le Seigneur répliqua: «Si je fais comme vous dites,
Seulement quelques chanceux trouveront le Secret de la vie.
Il faut que ce secret
Soit à la portée de tous!»

Un ange dit alors: «J'ai une idée: dépose-le dans le cœur de tous les êtres
    humains.

Personne ne pensera à chercher dans cet endroit.»

«C'est cela, oui, dans le cœur de chacun!», s'exclama le Seigneur.

Et voilà comment chacun de nous

Porte en lui le Secret de la vie.

Auteur inconnu

Terminus

On a tous, enfoui dans son subconscient, un mirage. On se voit faire un long voyage. On se trouve dans un train. Par la fenêtre, on regarde le spectacle qui défile : les voitures sur les autoroutes à côté, les enfants qui saluent à un passage à niveau, les vaches qui broutent sur une colline éloignée, les usines qui crachent leur fumée, les rangs interminables de maïs et de blé, les vallées et les plaines, les montagnes et les coteaux onduleux, le profil des grandes villes, les toits des maisons dans les villages.

Les pensées que l'on a, cependant, sont tournées vers la destination finale. Un certain jour à une certaine heure, on débarquera au terminus. Des fanfares joueront sous les drapeaux. Une fois rendu, des rêves merveilleux se réaliseront et les morceaux de notre vie s'assembleront parfaitement tel un casse-tête. Avec quelle impatience on arpente les couloirs du train, maudissant les minutes de s'écouler aussi interminablement! On attend le terminus, encore et encore.

«Lorsqu'on arrivera au terminus, ce sera fait!» s'écrie-t-on. «Lorsque j'aurai 18 ans...» «Lorsque j'aurai ma nouvelle Mercedes Benz...» «Lorsque notre petit dernier sera à l'université...» «Lorsqu'on aura fini de payer l'hypothèque...» «Lorsque j'aurai une promotion...» «Lorsque je prendrai ma retraite, je vivrai heureux pour toujours!»

Tôt ou tard, on se rend compte qu'il n'y a pas de terminus, pas de dernière station à laquelle on arrive enfin et pour toujours. Le véritable plaisir de vivre se prend au cours même du voyage. Le terminus n'est qu'un mirage. Il nous distance toujours.

«Jouissez du moment présent» est une sage devise, surtout lorsqu'on l'accompagne du psaume 118, 24: *«Voici le jour que le Seigneur a fait: qu'il soit notre bonheur et notre joie!»* Ce ne sont pas les fardeaux d'aujourd'hui qui nous rendent fous. Ce sont les regrets du passé et la peur de demain. Les regrets et la peur sont deux voleurs qui nous dépouillent du présent.

Par conséquent, cessez d'arpenter les couloirs et de calculer la distance qu'il reste à parcourir. Au lieu de cela, escaladez des montagnes plus souvent, mangez de la crème glacée plus souvent, marchez pieds nus plus souvent, plongez dans les rivières plus souvent, contemplez le lever du soleil plus souvent, riez plus souvent, pleurez moins souvent. La vie doit se vivre au moment où elle nous est donnée. Le terminus viendra bien assez vite.

Robert J. Hastings

Un petit garçon

Un petit garçon regarda une étoile
Et se mit à pleurer.
Et l'étoile lui dit:
Petit garçon, pourquoi pleures-tu?
Et le petit garçon lui dit:
Vous êtes si loin que
Je ne serai jamais capable de vous toucher.
Et l'étoile de lui répondre:
Petit garçon,
Si je n'étais pas déjà dans ton cœur
Tu serais incapable de me voir.

John Magliola

Les empreintes

Si nous ouvrons notre esprit et nos yeux, Dieu ne se révèle-t-Il pas à nous dans chaque étoile et chaque brin d'herbe?

Thomas Carlyle

Une nuit, un homme eut un songe. Il rêva qu'il marchait sur la plage avec le Seigneur. Dans le ciel défilaient des scènes de sa vie. L'homme vit qu'à chaque scène correspondaient deux paires d'empreintes de pieds dans le sable — l'une appartenant à lui-même, l'autre au Seigneur. Lorsque la dernière scène passa devant ses yeux, il se retourna vers les empreintes et remarqua qu'il n'y avait qu'une paire d'empreintes à certains endroits du trajet. Il constata également que ces endroits coïncidaient avec les périodes les plus tristes et les plus misérables de sa vie. Perplexe, il interrogea le Seigneur: *«Seigneur, tu as dit qu'à partir du moment où j'ai décidé de te suivre, tu marcherais toujours à mes côtés. Or, je vois que durant les périodes les plus difficiles de ma vie, il n'y a qu'une seule paire d'empreintes. Je ne comprends pas pourquoi tu m'as abandonné dans les moments où j'avais le plus besoin de toi.»*

Et le Seigneur répondit: «*Mon enfant bien-aimé, je t'aime et ne t'abandonnerais jamais. Ces moments éprouvants qui t'ont fait souffrir, là où tu ne vois qu'une paire d'empreintes, sont les moments où je te portais dans mes bras.»*

Source inconnue

La foi... c'est croire en ce qu'on ne peut voir.

La Bible

À quoi ressemble Dieu

Peu après la naissance de son frère, la petite Sachi demanda à ses parents de la laisser seule avec le nouveau bébé. Ses parents craignaient que Sachi, comme la plupart des enfants de quatre ans, ne soit jalouse du nouveau-né et soit tentée de le secouer ou de le frapper, alors ils répondirent non. Mais elle ne montrait aucun signe de jalousie. Elle traitait le bébé avec douceur et continuait à les presser de la laisser seule avec lui. Ils décidèrent de le permettre.

Transportée de joie, elle entra dans la chambre du bébé et referma la porte, mais celle-ci resta entrouverte — assez pour que les parents, curieux, puissent voir et entendre. Ils virent la petite Sachi s'approcher en silence de son petit frère, mettre son visage tout près du sien et dire doucement: *«Bébé, dis-moi à quoi ressemble Dieu. Je commence déjà à oublier.»*

Dan Millman

PERMISSIONS

Nous aimerions remercier les personnes et les maisons d'édition suivantes qui nous ont donné l'autorisation de reproduire leurs textes. (Remarque: Les histoires qui appartiennent au domaine public et qui ont été écrites par Jack Canfield ou Mark Victor Hansen ne figurent pas dans cette liste. De plus, les histoires de source anonyme ou dont l'auteur est inconnu n'y figurent pas. Malgré tous nos efforts, nous n'avons pas été en mesure de retrouver les détenteurs des droits d'auteur de ces histoires.)

imprimerie gagné ltēe